走遍世界很简单

ZOUBIAN SHIJIE HENJIANDAN

梵蒂冈大探秘

FANDIGANG DATANMI

知识达人 编著

成都地图出版社

图书在版编目（CIP）数据

梵蒂冈大探秘 / 知识达人编著 . — 成都：成都地图出版社，2017.1（2022.5 重印）
（走遍世界很简单）
ISBN 978-7-5557-0300-6

Ⅰ . ①梵… Ⅱ . ①知… Ⅲ . ①梵蒂冈—概况 Ⅳ . ① K954.7

中国版本图书馆 CIP 数据核字 (2016) 第 094278 号

走遍世界很简单——梵蒂冈大探秘

责任编辑： 吴朝香
封面设计： 纸上魔方

出版发行：	成都地图出版社
地　　址：	成都市龙泉驿区建设路 2 号
邮政编码：	610100
电　　话：	028－84884826（营销部）
传　　真：	028－84884820
印　　刷：	三河市人民印务有限公司

（如发现印装质量问题，影响阅读，请与印刷厂商联系调换）

开　　本：	710mm×1000mm　1/16		
印　　张：	8	字　　数：	160 千字
版　　次：	2017 年 1 月第 1 版	印　　次：	2022 年 5 月第 5 次印刷
书　　号：	ISBN 978-7-5557-0300-6		
定　　价：	38.00 元		

版权所有，翻印必究

前　言

　　美丽的大千世界带给我们无限精彩的同时，也让我们产生很多疑问：世界上到底有多少个国家？美国到底在什么地方？为什么奥地利有那么多知名的音乐家？为什么丹麦被称为"童话之乡"？……相信这些问题经常会萦绕在小读者的脑海中。

　　为了解答这些问题，我们精心编写了这套《走遍世界很简单》系列丛书，里面蕴含了世界各国丰富的自然、地理、历史以及人文等社会科学知识，充满了趣味性和可读性，力求让小读者掌握最全面、最准确的知识。

　　本系列丛书人物对话生动有趣，文字浅显易懂，并配有精美的插图，是一套能开拓孩子视野、帮助孩子增长知识的丛书。现在，就让我们打开这套丛书，开始奇特的环球旅行吧！

路易斯大叔

美国人,是位不折不扣的旅行家、探险家和地理学家,足迹遍布全世界。

多多

10岁的美国男孩,聪明、活泼好动、古灵精怪,对一切事物都充满好奇。

米娜

10岁的中国女孩,爸爸是美国人,妈妈是中国人,从小生活在中国,文静可爱,梦想多多。

目 录

引　言　/ 1

第1章　可怜的梵蒂冈 / 8

第2章　小国家里的大世界 / 18

第3章　城国故事 / 25

第4章　忠诚的卫士 / 31

第5章　圣洁的百合 / 38

第6章　开启寻宝之旅 / 45

第7章　庇护-克莱门蒂诺博物馆 / 56

第8章　令人震撼的拉斐尔画室 / 66

目 录

第9章　历史博物馆里探历史 / 78

第10章　特别的邮票 / 84

第11章　徜徉书世界 / 92

第12章　气势恢宏的梵蒂冈美术馆 / 110

第13章　再见了，梵蒂冈 / 117

引 言

"孩子们,我已经准备向下一个目的地进发了!"路易斯大叔扬起眉毛,笑眯眯地对多多和米娜说。

多多一听,显出十分着急的样子,连忙跳到路易斯大叔的跟前问:"路易斯大叔,您这次打算一个人出去旅行吗?您不带上我们

吗?"

米娜也急忙说:"是呀!路易斯大叔,您不带上我们两个吗?"

过去的几段旅程,路易斯大叔都是带着多多和米娜一起前往的。可是这次,路易斯大叔用右手托着下巴,眉头紧锁,显得十分为难。然后,他慢吞吞地说:"这个……这个……我想……"

"带上我们吧!求求您了,路易斯大叔!"米娜拉着路易斯大叔的胳膊请求着说。随后多多也加入其中,两个孩子围绕在路易斯大叔的膝前,你一言我一语,没完没了地求了起来。

路易斯大叔无奈地摇了摇头,说:"我这次准备去的地方,是一个四面都被意大利包围的小国,你们可不一定会感兴趣哦!"

"不会的,不会的!我们对那里很感兴趣!"多多连忙说。

"嗯嗯,只要能跟着路易斯大叔,去哪里都好!"米娜一直拉着

路易斯大叔的胳膊，撒着娇，认真地说。同时在她那长长的睫毛下，一双水汪汪的大眼睛不断地闪烁着哀求的目光。

这时，多多拿来地球仪和地图，与米娜分头在上面搜索着意大利的位置。

路易斯大叔看着他们忙碌的样子，笑着问道："你们知道意大利位于哪个洲吗？"

多多抢着回答说："欧洲！"

米娜也不甘示弱，赶紧补充道："那么，我们这次去的地方也一定在欧洲！"

人们都说意大利在地图上看起来就像是一只靴子，多多和米娜通过这一标志性特征，很快就找到了意大利的所在。

路易斯大叔满意地点了点头，说："我这一次要去的地方就在意大利的首都罗马城的附近，你们找找看！"

路易斯大叔刚说完，米娜就兴奋地喊道："我找到了！是梵蒂冈！路易斯大叔说的国家一定是梵蒂冈！"

路易斯大叔说："对，我们这一次的目的地就是梵蒂冈。梵蒂冈的四面都与意大利相接壤，因此它有'国中之国'之称。梵蒂冈的面积很小，也就意味着我们的旅程会很短，你们如果去的

话不会觉得玩得不尽兴吗?"

　　米娜听后,又仔细地看了一下地球仪上的梵蒂冈,并将它与意大利比较了一下,不禁感叹道:"它真的好小啊!"但她马上又补上了一句:"就算小,我们也是要去的!"

　　多多也不愿错过任何一次可以跟随路易斯大叔旅行的机会,因此也忙说道:"米娜说得对,国家的大小无所谓,再小我们也要去!"

　　"到了梵蒂冈,我们就可以见识到一个国家究竟可以小到什么程度了,这是一件多么美妙的事情啊!"米娜的脸上露出了十分向往的神情。她那小小的心早已飞向了那个虽小却充满了神秘色彩的国家。

"是啊！是啊！那么小的国家究竟是什么样子呢？我早就想去看一看了，路易斯大叔，您就带上我们吧！我们真的很想去！"多多生怕路易斯大叔不带他们去，一个劲儿地恳求着。

米娜听到多多的话，也突然意识到路易斯大叔还没有答应带着他们一起去呢，于是和多多一起央求着路易斯大叔。

路易斯大叔笑着摸了摸他们的头，说道："梵蒂冈是欧洲的一个小国，位于台伯河的西岸，坐落在意大利首都罗马城西北角的梵蒂冈高地上，整个梵蒂冈的地势都是西高东低。"他一边说一边用手指着地球仪上的梵蒂冈的位置，米娜和多多兴致勃勃地听着，他们那两双

小眼睛紧紧地跟随着路易斯大叔的手。

路易斯大叔看到这种情形,做出一副勉为其难的样子,耸了耸肩膀,然后说:"好吧,既然你们执意要去,那我就带上你们吧!"

两个孩子终于听到了路易斯大叔的应允声,兴奋得不得了。他们高兴地跳了起来,欢呼道:"太好了!太好了!路易斯大叔真好!"

路易斯大叔却不动声色,并一脸严肃地说:"我们明天就要出发了,那你们今天的任务是什么?"

多多和米娜认真地回答:"打包行李,睡个好觉!"说完,他们俩就向路易斯大叔做了个鬼脸,然后欢天喜地地跑开了。

路易斯大叔皱着眉、摇着头,一步一步地往房间外走去。他刚走出房间,脸上就露出了会心的笑容,自言自语着:"我只不过是逗一逗这两个小猴子而已,怎么舍得不带上他们一起去呢?我还真怕他们不去呢!哈哈!他们要是不去的话,那这个旅程的乐趣可就减少一大半喽!"

路易斯大叔走下楼梯,依稀还能听到两个孩子兴奋的欢呼声……

这一站,他们即将向世界上最小的主权国家进发。

第1章
可怜的梵蒂冈

今天的天气很好,太阳公公笑得很灿烂,多多和米娜的心情也极好。因为此时,路易斯大叔正带着他们坐在去往梵蒂冈的飞机上。

飞机平稳地飞行着,米娜坐在靠窗的位

置，身上系着安全带，面前的桌上放着一杯可乐。她时而看看无边无际的蔚蓝色天空，时而看看漂浮着的片片白云，时而又向地面的方向看看，一副欢天喜地的样子。她望着望着，突然想起了什么，转过头对正在看报纸的路易斯大叔说："路易斯大叔，梵蒂冈是世界上最小的国家，可我们乘坐的飞机这么大，那里有足够大的地方让我们的飞机降落吗？"

路易斯大叔故作紧张地说："是呀！梵蒂冈没有地方让飞机降落，看来飞机要把我们带到别的地方了，这梵蒂冈我们是去不成了。"

米娜瞬间紧张了起来，生怕真的去不成梵蒂冈了，她着急地问："这可怎么办呢？那我们要去哪儿啊？"

坐在一旁的多多虽然不知道飞机到底能不能在梵蒂冈降落，但他依然坚定地对米娜说："别担心，路易斯大叔一定是在跟我们开玩笑，他之前说过是带我们去梵蒂冈的，又怎么可能突然去别的地方呢？"

路易斯大叔抿嘴一笑："哈哈，好吧，我承认我是开玩笑的。我

们是一定要去梵蒂冈的,但我们要先到别的地方逗留一下。"

"我知道了,"多多的小脑瓜飞快地转动了一下,说,"我们是先要飞到梵蒂冈旁边的意大利吗?梵蒂冈没有飞机场,我们必须从意大利进入梵蒂冈对不对?"

"正是这样,梵蒂冈的运输系统规模非常小,除只有一个直升机场供首脑官员使用外,并没有大型机场。外国人想要飞到梵蒂冈,或者梵蒂冈人民想要飞往国外,都必须依赖于意大利的罗马。梵蒂冈离意大利的罗马最近,而罗马也慷慨地向梵蒂冈提供了机场服务。因此像我们这些远道而来的人,就可以先在罗马的费米奇诺国际机场降

落，然后再去罗马火车站乘坐火车或搭乘公共汽车进入梵蒂冈，从罗马火车站到梵蒂冈仅仅需要几十分钟而已。"

"原来是这样，罗马和梵蒂冈的关系真的是非常紧密呀！"米娜感慨道，"这么说来，梵蒂冈是有火车站的啦！"

路易斯大叔笑了笑，说："是的，不过梵蒂冈的火车站也很小，境内连接到罗马城的铁路只有800多米，800米的距离你们可以想象出来吗？你们学校里所设的圆形跑道，一圈的长度通常是400米，这么算来，梵蒂冈铁路线的长度就相当于圆形跑道的两圈。"

"天啊，这条铁路线也太短了吧？"米娜十分惊讶，"那整个梵蒂冈到底有多小啊？"

路易斯大叔笑着说："你们都去过北京的天安门和故宫

博物院吗？"

两个孩子点了点头。

"很好，既然你们去过这两个地方，我就容易形容梵蒂冈的大小了。这么说吧，与天安门相比，梵蒂冈的国土面积大致也就相当于整个天安门广场的面积；若与故宫相比，它大概相当于故宫的五分之三。这样比较，你们可以想象出它有多小了吗？"路易斯大叔一边说，一边用手势比划着。

米娜将信将疑地说："真的吗？逛天安门和故宫的时候，我觉得很大，走了大半天也没走完。可是，如果一个国家只有这么大的话，那岂不是太小了！"

路易斯大叔说："可事实就是如此，梵蒂冈确实就是这么小。"

多多接着问道："既然梵蒂冈是一个这么小的国家，那住在那里的人也不会多吧？平时的街道会不会很冷清？"

路易斯大叔回答说："住在那里的人确实不多，但它的街道却不会冷清，因为梵蒂冈的人流量是很大的。梵蒂冈每天都有很多像我们一样去那里旅游的人，虽然大多都住几天宾馆就离开了，但人来人往，梵蒂冈的街头总是很热闹的；另外还有很多去梵蒂冈工作的人，他们当中的大多数都来自意大利，下班以后也都出城回家。所以，虽然梵蒂冈的常住居民并不多，但街道却很少会冷清。"

多多哈哈大笑道："路易斯大叔说的话可真有趣，居然说那些下班回家的人是出城回家，哈哈！"

米娜插嘴道："这你就不知道了吧！梵蒂冈的全称叫作梵蒂冈城

国，而梵蒂冈的首都就叫作梵蒂冈城，因此说下班以后出城回家也没什么大不了的。"

"米娜说得很对，"路易斯大叔接着说，"梵蒂冈的全称就是梵蒂冈城国，称它为城国，也正因为它是以城建国的。它虽然是一个国家，但它的面积非常小，仅仅与一座城市的规模大小相当，简直就像一个大城堡一样。曾经有人开玩笑说，如果一个人在梵蒂冈城内开枪，很可能打到罗马的鸟呢！"

米娜和多多听了路易斯大叔的话后，被逗得咯咯笑。多多还仰头看天，用右手做出了一个开枪的姿势。

"听起来真有趣呀!"米娜说,"可是,妈妈曾经对我说,蔬菜和粮食都是农民伯伯在菜园和田地里种出来的,那么在这个大城堡里,有足够的土地用来充当田地和菜园吗?人们能生产出足够的粮食和蔬菜吗?"

路易斯大叔说:"嗯,是的。梵蒂冈这个国家就像一些稍具规模的城市一样,该有的基础设施它一应俱全,但它却没有足够的地方发展农业,当然也就不能满足本国人民对于粮食和蔬菜的基本需求了。"

"梵蒂冈好可怜呀!"米娜扁着小嘴,表示很同情的样子。

"没办法呀,梵蒂冈就是这样的。"路易斯大叔说。

"那梵蒂冈是怎么解决这些问题的呢?"多多问道。

"你们猜猜看!"路易斯大叔卖起了关子。

多多挠挠头,自言自语地说:"自己不能生产的东西当然是花钱向别人买了。"然后他突然眼前一亮:"对了!梵蒂冈可以向意大利购买粮食和蔬菜!"

"多多真聪明!你说得对!而且除了蔬菜和粮食以外,其他的生活必需品,比如自来水、电力和煤气等,也都是由意大利来提供的呢。"路易斯大叔继续补充说,"梵蒂冈不仅没有农业,也没有工业,更没有任何自然资源和矿产资源。因此,从某种程度上说,它还真的很可怜呢,哈哈!"

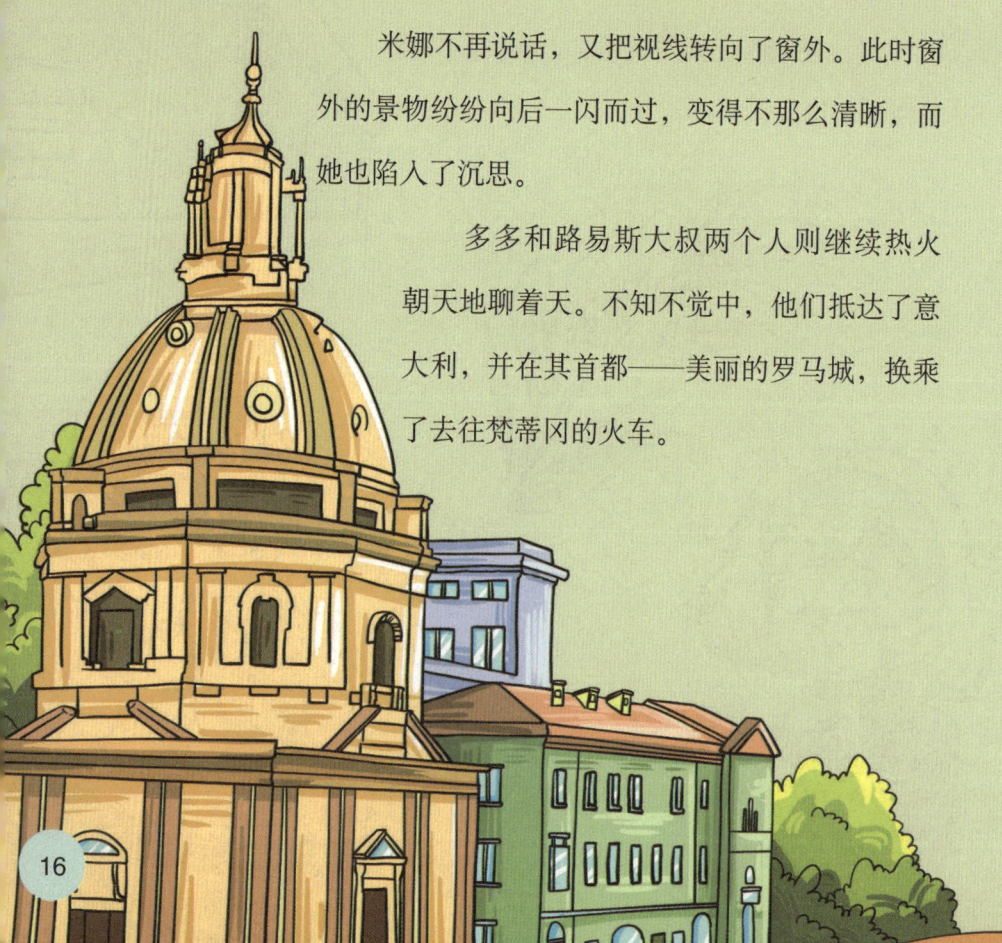

米娜不再说话,又把视线转向了窗外。此时窗外的景物纷纷向后一闪而过,变得不那么清晰,而她也陷入了沉思。

多多和路易斯大叔两个人则继续热火朝天地聊着天。不知不觉中,他们抵达了意大利,并在其首都——美丽的罗马城,换乘了去往梵蒂冈的火车。

世界上的袖珍国

袖珍国的概念目前没有严格的定义，通常指领土面积非常小、海域管辖范围不大的国家。全世界领土面积不到1万平方千米的主权国家有34个，我们姑且称它们为袖珍国。

在袖珍国中，面积最小的为欧洲的梵蒂冈，除此之外，还有亚洲的文莱、新加坡、马尔代夫和巴林；欧洲的摩纳哥、卢森堡、列支敦士登、安道尔、马耳他、圣马力诺；非洲的佛得角、圣多美和普林西比、科摩罗、塞舌尔、毛里求斯；美洲的圣基茨和尼维斯、安提瓜和巴布达、多米尼克、圣卢西亚、圣文森特和格林纳丁斯、格林纳达、巴巴多斯、特立尼达和多巴哥；大洋洲的汤加、萨摩亚、库克群岛、帕劳、密克罗尼西亚、基里巴斯、图瓦卢、马绍尔群岛和瑙鲁。

第 2 章
小国家里的大世界

在"隆隆"运行的火车上,米娜一直紧锁着眉头,一句话也不说。过了一段时间,她终于开口问道:"路易斯大叔,梵蒂冈那么小、那么可怜,在那里生活的人们是不是无法感受到幸福呀?"

路易斯大叔安慰她说:"放心吧孩子!你想啊,梵蒂冈这么小,却依然能够在世界上存在着,一定有它的道理。中国有一个成语叫作'麻雀虽小,五脏俱全',意思

就是说某个事物虽然很小，但什么也不缺。梵蒂冈就是这样，它的国土面积虽然很小，但那里人们的生活却一点也不成问题。它不但没有你想象得那么坏，甚至还要好得多哦！"

米娜露出怀疑的眼神，说："可是，那里没有田地呀！没有田地就没办法种植蔬菜和粮食，那里的人吃什么呀？如果连吃的都没有，那里的人怎么会过得幸福呢？"

路易斯大叔微微一笑，耐心地说："你看，梵蒂冈虽然没有田地，但正因为如此，那里的人们才不用承受农业生产的劳累啊！从这一方面考虑，他们是不是显得很幸福呢？"

米娜想了想，赞同地点了点头。路易斯大叔又接着说："而且，梵蒂冈离意大利那么近，只要生活在梵蒂冈的人们有钱，就可以买到任何自己想吃的粮食和蔬菜，还可以买到其他的生活必需品。你说，他们怎么会生活得不幸福呢？"

"可是，他们的钱是从哪里来的呢？"多多在一旁忍不住问道。

"那你先回答我，我们去梵蒂冈是干什么的呢？"路易斯大叔看着多多，笑着问。

"我们当然是去旅游啊！"多多脱口而出，然后他立刻就意识到了些什么，马上接着说，"对了，梵蒂冈可以发展旅游业，他们可以赚游客的钱呀！"

路易斯大叔看了看多多，满意地点了点头，然后接着说："多多说得对，梵蒂冈可以发展旅游业。而事实上，梵蒂冈的旅游业确实也十分发达，它是当地的支柱产业之一呢！而且，除了旅游

业以外，梵蒂冈还有很多发展经济的法宝，比如说在国外购置大量土地，投资、出租不动产等；还有，它经营着许多行业的跨国公司，是一个名副其实的国际金融巨头；另外，梵蒂冈的银行业发展得相当不错，邮票收入也是相当可观的。如此种种，都说明梵蒂冈这个国家的经济来源很多，而且这些产业发展得相当不错，因此，国家总体的经济收入自然也不会很低。"

多多和米娜认真地听着，只听路易斯大叔继续说道："所以，梵蒂冈虽然是个小国，资源不足，但却也有自身的优势。有了这么多能够促进本国发展的支柱产业，在那里的人们当然可以生活得很好了。"

多多和米娜听后，都开心地笑了。特别是米娜，郁积在心中那么久的阴云终于散去了，因此数她笑得最开心。

多多笑着笑着，突然想到了什么，于是继续问道："路易斯大叔，那这个小国家有自己的货币吗？"

路易斯大叔一脸神秘地说:"你们先猜猜看!"

两个孩子你看看我、我看看你,谁都猜不出答案。

路易斯大叔笑了笑,说:"现在的梵蒂冈和意大利一样,都加入了欧元区,欧元就是现在这里流通的货币。不过在一些小店里,你们还是可以买到一些纪念币回家的。"

听了路易斯大叔的介绍,米娜恍然大悟:"原来是这样啊,那我一定要找一些纪念币带回家去。"

"不光是货币,还有邮票!"

多多也兴奋地说:"我还要带几枚邮票回去!"

路易斯大叔笑着说:"你们这两只小猴子,居然还喜欢收藏!收藏是一个很好的爱好,不但可以留

作纪念，还可以随时供我们回味一下，你们可一定要坚持住哦！对了，你们以前从其他国家带回去的纪念品，有没有丢得到处都是，现在连找都找不到了啊？"

"没有啊！"

"当然没有啦！"

两个孩子纷纷回答说。

"嗯，很好。"路易斯大叔满意地笑了笑，接着说，"说到收藏，等我们到了梵蒂冈，你们就会发现，梵蒂冈才是一个真正的大收藏家，它可是收藏了好多好多的宝贝呦！"

"真的吗？真的吗？都有什么宝贝呀？"多多迫不及待地问。

"什么宝贝？什么宝贝？"米娜也激动地跳了起来。

路易斯大叔故意卖着关子，不肯马上说给他们听，只是说："小国家也有它的大世界，到时候你们自然就知道了！"

两个孩子软磨硬泡了很久，却始终也没有问出更多的信息来。

从罗马到梵蒂冈的路程很短，感觉没过多长时间，路易斯大叔一行三人便进入了梵蒂冈城。在那里，他们即将开始一段美妙的旅程。

第 3 章
城国故事

新鲜的空气，弥漫于异国的天空之中。路易斯大叔一行三人走出了梵蒂冈那小小的火车站，真正地踏上了梵蒂冈的土地。三个人都非常高兴，仿佛从空气中也能闻出一丝丝愉快的气息。

多多和米娜对这里的一切都感到十分新鲜与好奇，刚一出火车站，就忍不住左顾右盼起来。路易斯大叔回过头看了看火车站，又左右看了看道路的方向，在心中默默地说道：

"梵蒂冈，我们来了！"

路易斯大叔首先带着孩子们来到了事先预订好的宾馆，宾馆的服务人员热情友好地接待了他们。

梵蒂冈的官方语言是意大利语和拉丁语，梵蒂冈人在日常生活中主要使用的就是这两种语言。但梵蒂冈的人员流动性很大，几乎每天都有大量来自世界各地的游客前来旅游，因此当地人以及在这里工作的人员，很多都能用英语与外来人员交流。而今天负责接待路易斯大叔一行人的这位服务人员，正好可以用英语跟路易斯大叔交谈。这种温馨、流畅的语言交流给初到梵蒂冈的三个人带来了轻松感和舒适感。

在宾馆里休息时，路易斯大叔和两个孩子你一句、我一句地聊着，说着说着就谈到了国庆节的问题。

路易斯大叔问两个孩子："你们知道美国的国庆节是哪一天吗？"

"7月4日！"两个孩子齐声答道。

路易斯大叔又继续问道："那你们知道中国的国庆节是哪一天吗？"

"10月1日。"米娜不假思索地回答道。

路易斯大叔竖起了大拇指，然后接着问道："美国和中国的国庆节是哪一天这样的问题对你们来说太简单了，那下面这个问题会不会把你们难倒呢？你们知道梵蒂冈的国庆节是哪一天吗？"

多多和米娜互相看了看，生怕对方说出答案来把自己比下去，但最终，他们谁都没能说出答案来。

路易斯大叔见状，笑着说："就让我来告诉你们吧，梵蒂冈的国庆节是2月11日。"

"为什么是2月11日呢？"多多不解地问。

"1870年的普法战争期间，意大利趁机出兵攻陷并占领了罗马。当时的罗马教皇马斯塔伊·费雷提就被困在了梵蒂冈，梵蒂冈和意大利之间的对峙也由此拉开了帷幕。尽管如此，马斯塔伊之后的数任罗马教皇，宁肯过着软禁生活，也不愿屈服于意大利。直到1926年，时任意大利总理的墨索里尼代表意大利政府，开始与梵蒂冈方面展开新一轮对话，商谈解决这种对峙局面的方法。1929年2月11，意大利与梵蒂冈正式签订了《拉特兰条约》，承认梵蒂冈是主权完整的国家。为了纪念这一天，人们就把2月11日定为了梵蒂冈的国庆日。"路易斯大叔向他们娓娓道来。

"原来是这个样子。"米娜喃喃地说。

"正是这样。"路易斯大叔说，"《拉特兰条约》还规定，自1929年7月起，梵蒂冈成为独立的城市国家，国家的全称是梵蒂冈城国。同时,条约还规定了梵蒂冈为永久中立国,其国土神圣不可侵犯。"

米娜问:"什么是中立国呢?"

路易斯大叔说:"我们在做游戏时,常常需要表态同意哪一方的意见,不发表意见就是中立。而中立国就是指在其他国家发生武装冲突时,对参与交战的任何一国都不采取敌对行动的国家。"

"像梵蒂冈这么小的国家能够在世界上占有一席之地,真是太不容易了!"多多又关切地问道,"既然梵蒂冈与意大利紧挨着,那平时都是由军人守卫疆界吗?"

"不是的哟!"路易斯大叔解释说,

"梵蒂冈的国防力量有些特别,瑞士近卫队以及梵蒂冈的宪兵是这个国家最主要的国防力量。在这支队伍中,瑞士近卫队大约有一百多人,这些人主要负责重要任务,保护教宗及重要的宗教建筑。而宪兵们则主要负责维持社会秩序,管制边境,以及一些刑事侦查等警务工作。"

"原来是这样啊,这下我终于明白了。"米娜说。

第 4 章

忠诚的卫士

多多有些纳闷，不禁问道："真奇怪，为什么守卫梵蒂冈的会是瑞士卫队呢？"

路易斯大叔说："关于这个问题，说起来还有一段令人钦佩的历史呢！"

路易斯大叔告诉两个孩子，早在1506年，梵蒂冈就设立了自己的卫队。起初保卫梵蒂冈的并非只有瑞士卫队，当时卫队的组成人员也并非只是瑞士人，卫队的成员不分国籍，只要符合招募的要求就可以入选。

真正意义上的瑞士卫队出现在20年以后。在1527年5月6日，当时的梵蒂冈爆发了一场大规模战争。在战争中，国家卫队中其他国籍的卫士或收受贿赂不战而降，或逃散，只有147名瑞士士兵不为金钱所动，顽强坚守，浴血奋战，直到流尽最后一滴血。经过这次战争，瑞士人以自己的勇敢和对主人的忠诚赢得了人们的赞誉和信赖。从此以后，梵蒂冈的卫队只招募瑞士人，而且卫队的名称也被正式改为瑞士卫队。这支卫队的传奇性还在于，500多年来，它的装束一直未曾改变，始终保持着古典的造型：卫士们头戴羽饰头盔，身着红黄蓝彩条制服，手持古代长柄兵器，腰间佩剑。穿着这样的装束，昂首站在自

己岗位上的士兵，这也可以称得上是梵蒂冈城国中的特殊一景，很多来梵蒂冈旅游的人都喜欢以这些卫士为背景拍照留念。

路易斯大叔说："正是因为有这样一段动人心魄的历史，梵蒂冈才将每年的5月6日定为瑞士卫队的纪念日，以此来纪念这支忠诚的队伍。"

"嗯，他们真的很让人敬佩！"米娜真诚地说。

多多接着问道："这么说来，目前瑞士卫队的成员全都是瑞士人了？"

路易斯大叔说："是的，到

目前为止，梵蒂冈选用卫队队员，一定得是瑞士青年，年龄在25岁以下。另外，卫队对队员的身高也有严格的限制，队员一定要高于174厘米。低于这个身高的瑞士青年，是没有机会成为卫队一员的哦！"

多多问："这支卫队一共有多少人呢？梵蒂冈这么小，卫队成员的人数也不会太多吧？"

路易斯大叔说："是的，整个卫队的人数并不多。瑞士卫队一直保持100人的规模，这100个

卫士肩负着重大的责任。瑞士卫队的职业活动是操练、阅兵以及警卫值勤，最重要的是后者。士兵们24小时轮流值班，当班士兵每天的工作时间在8～12小时之间。可以毫不夸张地说，他们在站岗值班的时候，几乎是昂首挺胸、纹丝不动的。他们的工作十分辛苦，但工资水平却不高，普通士兵的月薪差不多只有1000欧元，其他的福利也不是很丰厚，除了食宿免费以外，卫士们每年有一个月的假期。不过，现在想要招募卫队士兵可不太容易。毕竟，随着社会的发展，瑞士人对于自己的生活有了更多的选择和期待，所以，近年来梵蒂冈逐渐尝试着放宽条件，从普通家庭子弟中招募天主教徒来加入卫队。"

米娜问："从过去到现在，瑞士人之所以会在梵蒂冈当卫士，是因为有某种规定或某项义务限制着他们吗？"

路易斯大叔说："那倒不是，你为什么会这么问呢？"

米娜说:"我只是在想,在梵蒂冈担任卫士,不仅辛苦而且工资也不高,那些瑞士人为什么还要为梵蒂冈服务呢?他们真的愿意为梵蒂冈服务吗?"

路易斯大叔点点头说:"嗯,你想得有道理。是这样的,早在1847年的时候,瑞士宪法就已经规定不再向外派遣雇佣兵,并因此在国际中成为了著名的中立国。另外,随着世界经济的不断发展,人们的生活水平不断提高,而卫队队员的这点薪酬确实不足以打动人心,甚至可以说是微不足道。但尽管如此,瑞士卫队仍然承担着梵蒂冈守护者的使命,他们纪律严明、尽忠职守、甘于奉献,这或许是因为瑞士人那种忠诚坚贞的国魂吧。"

多多和米娜的眼中流露出敬佩的神色，多多不禁赞叹道："瑞士卫士真伟大！几百年来一直默默地守护着梵蒂冈，这种忠贞不渝的精神真的很难得！我长大以后也一定要成为一个这样的人！"

路易斯大叔说："相信你们将来一定都能成为这样的人。"

多多和米娜重重地点了点头，以此来表示自己的决心。

路易斯大叔说："好了，现在让我们出去转转吧，顺便买些百合花来装点我们的房间，好不好？"

两个孩子一听，兴奋得不得了，他们早就迫不及待地想要出门逛逛了……

第5章
圣洁的百合

多多和米娜一左一右地走在路易斯大叔的两侧，三个人兴致勃勃地来到了街边的一个花店。一进花店，各种颜色的鲜花便映入了他们的眼帘，红的、白的、粉的、紫的、黄的，五颜六色，绚丽缤纷。孩子们看着这么多美丽的鲜花，闻着淡淡的花香，愉快极了。在店中，他们看到了很多种类的鲜花在争奇斗艳，比如玫瑰、文竹、康乃馨和水仙等。其中，最惹人注目的要数摆放在花店最显眼的位置上的那一大束洁白无瑕的百合花了。

花店的老板是一位40岁左右的中年妇女，她的穿着端庄素雅、大方得体，嘴角始终挂着浅浅的、甜甜的微笑。她用英语热情地招呼着他们，表现出了梵蒂冈人的热情和友好。

路易斯大叔在这位女老板的介绍下，挑选了一束洁白的百合花。女老板为这束百合花进行了精心的修剪和包装，并热情地递到了路易斯大叔的手中，路易斯大叔满意地付了钱，带着两个孩子高高兴兴地出了花店。

在回去的路上，路易斯大叔手捧着鲜花，问多多和米娜："花店里有那么多不同颜色和不同种类的鲜花，你们知道为什么我只挑中了白色的百合花吗？"

"因为百合花的味道很清香。"米娜不假思索地说。

"因为百合花看起来洁白无瑕。"多多也发表了自己的看法。

"因为路易斯大叔只喜欢百合花。"米娜想了想,又补充道。

路易斯大叔说:"嗯,你们说的都对,但却不是我今天只买百合花的主要原因。"

"那这个主要原因是什么呢?"多多问。

路易斯大叔说:"这是因为白百合是梵蒂冈的国花,既然我们来到了梵蒂冈,当然最适合在房间里插上一束白百合啦!"

"原来是这样啊!"米娜和多多恍然大悟,而他们也瞬间对这束洁白无瑕的百合花生出一份敬意。

路易斯大叔接着说:"很多美丽的花都有独属于自己的花语。也就是说,各国、各民族的人们,根据各种花卉的特点、习性以及传说或典故等,赋予了它们独特的象征意义,来表达人们的某种感情或愿望。花语是在一定的历史条件下逐渐约定俗成的,并且成为一定范围内的人们所公认的信息交流形式。比如,康乃馨的花语是'尊敬、真情、母亲我爱你',君子兰的花语是'高雅、有君子之风',而梅花的花语是'坚强、高洁',等等。"

接着,路易斯大叔又说:"那你们知道白百合象征

着什么吗？"

"我非常喜欢白百合，妈妈跟我说，百合花在中国象征着'百年好合'。"米娜抢先回答道。

路易斯大叔说："是的，中国人非常喜欢百合花，这是因为百合花由鳞茎与鳞片抱合而成，传达出了'百年好合、百事合意'的意蕴，所以很多中国人在结婚的时候都要买百合花。而在梵蒂冈，白百合之所以能够成为国花，是因为它具有洁白无瑕的外表和超凡脱俗的气质。梵蒂冈人民以白百合象征自己高雅纯洁的精神品质，也正是在这样的品质的鼓舞下，梵蒂冈才能够取得民族的独立与经济的繁荣。"

多多说："嗯嗯，路易斯大叔讲得真生动。"

路易斯大叔接着说："你们看，梵蒂冈的街道是如此的干净整洁，给人一种轻松愉悦的感觉；梵蒂冈人民对待他人总是礼貌虔诚，比如刚刚那位花店的女老板，给人一种舒心的感觉;整个梵蒂冈城显得庄严肃穆,又给人一种神圣的感觉;再看看我手中的白百合,已经无法单单用洁白来形容了,简直称得上是圣洁!你们说是不是?"

米娜看着路易斯大叔手中的百合花,心中的敬意更浓,她不禁将双手伸向这束圣洁无比的花,说:"路易斯大叔,让我拿一会儿好吗?"

就在米娜接过百合的一刹那,多多也伸出手来,口中喊道:"我也要拿!我也要拿!"并从米娜手中将花抢走,撒腿就往前面跑去。

米娜气极了,一边喊一边追。

路易斯大叔笑着喊道:"孩子们,慢点跑,等等我呀……"

国花

　　国花是指生长于本国，能够见证本国悠久的发展历史，并具有一定的文化内涵，从而作为国家象征的花。国花寄托了人们对自己祖国深沉的热爱和浓郁的民族情感，它也象征了民族团结的精神。

　　目前世界上已经有100多个国家确立了自己的国花。举例来说，在亚洲，日本的国花是樱花，朝鲜的国花是金达莱，阿富汗的国花是郁金香；在欧洲，瑞士的国花是火绒草，法国的国花是鸢尾；在非洲，埃及的国花是睡莲，利比亚的国花是石榴；在南美洲，玻利维亚的国花是向日葵，阿根廷的国花是赛波花；在北美洲，加拿大的国花是糖槭，海地的国花是刺葵；在大洋洲，澳大利亚的国花是金合欢，斐济的国花是扶桑。

第6章
开启寻宝之旅

路易斯大叔之前告诉过两个孩子，梵蒂冈是一个大大的收藏家。为什么这么评价它呢？这是因为它收藏了很多宝贝，其中大部分就陈列在梵蒂冈博物馆内。

梵蒂冈博物馆修建于1471年,它是世界上最古老的博物馆之一。该博物馆是由1150年始建的梵蒂冈宫殿的一部分改建而成的。

梵蒂冈博物馆是一座巨大的藏宝库,虽然梵蒂冈博物馆的总面积只有5.5万平方米,仅是中国故宫博物院的十三分之一,但它里面收藏的许多古代的珍贵文物以及资料,都堪称稀世文物和艺术珍品。因此,梵蒂冈博物馆的地位和价值几乎可以与伦敦大英博物馆、巴黎卢浮宫相媲美。另外,梵蒂冈博物馆还是西欧收费最贵的博物馆。

梵蒂冈博物馆是一个总称,实际上它是馆中有小馆,小馆又有自己的厅室。整个博物馆的展示厅长达6千米,内部共设有12个陈列馆和5条艺术长廊。展厅主要包括八角庭院、动物雕塑馆、圆形大厅、马车厅、烛台陈列廊、博尔戈大火厅、凯撒馆、古雅典文明馆、克里蒙馆、埃及馆、缪斯馆、古地图馆、挂毯馆和拉斐尔画室等。收藏于各个展区的艺术品多为绘画作品，这些作品不仅历史悠久，而且都具有一定的历史意义，有的还带有一些历史典故，因此十分珍贵。

经过一夜的休息，第二天早上，多多和米娜早早地起了床，他们爬到路易斯大叔的床上，一个掀他的被子，一个摇他的胳膊，迫不及待地叫醒他，好让他带着他们出去玩。

路易斯大叔睡眼惺忪地坐了起来，一把拉住两个孩子，笑呵呵地说："你们两个小猴子，起得可真早呀！大叔问你

们一个问题,看你们能不能答出来,如果答不出来,今天你们可就要陪我在家睡大觉了哦!"

两个孩子立刻显出很着急的样子,心里盘算着路易斯大叔会提出怎样让人头疼的问题。

最后,米娜勇敢地说:"我们不要在家睡大觉,路易斯大叔你问吧!我们肯定能回答出来的!"

多多也附和着说:"是的!我们肯定能回答出来的!"

路易斯大叔一边伸着懒腰,一边问道:"哪个博物馆是世界上最小的国家博物馆?"

多多挠挠头说:"世界上有好多国家呀!最小的国家博物馆……对了,是梵蒂冈博物馆!"

"对！最小的国家博物馆一定是梵蒂冈博物馆！"米娜也坚定地说。

"好吧！你们赢了！梵蒂冈博物馆确实是世界上最小的国家博物馆。"路易斯大叔接着说，"快去洗漱、吃早餐吧，今天我就带你们去参观梵蒂冈博物馆好不好？"

两个孩子听后，欢呼着跑开了。

这一天的天气很好，清风拂面，仿佛母亲的手轻轻地抚摸着脸庞，让人感觉十分舒服。路易斯大叔一行三人一边欣赏着梵蒂冈城街道两旁的风景，一边说笑，不知不觉就到了梵蒂冈博物馆的门口。

呈现在他们眼前的是一座圆形尖顶的宏伟建筑，十分气派，两个孩子立刻感叹不已。

"这个博物馆看起来真不错！它有很多年的历史了吧？"米娜问路易斯大叔。

路易斯大叔说："不错，梵蒂冈博物馆是世界上最古老的博物馆之一。梵蒂冈博物馆的历史可以追溯到500多年前

呢，大约在1506年的时候，一座名为《拉奥孔与儿子们》的雕像出土，然后就被这里收藏。这件事在当时轰动一时，因此，人们通常都认为梵蒂冈博物馆正式建立于1506年，而《拉奥孔与儿子们》也成为梵蒂冈博物馆的镇馆之宝之一。"

进门后两侧为售票处，路易斯大叔买完票，没有乘电梯升到博物馆的真正入口，而是选择了步行，因为他们可以走那个造型独特的楼梯。那是一个由两个螺旋形楼梯组成的上下阶梯，上下阶梯各负其责，人们自上行螺旋形楼梯进入博物馆，从下行螺旋楼梯离开。这个美丽的螺旋楼梯虽然实际上有两条，但看起来却只有一条，有趣极了。路易斯大叔告诉他们，这个螺旋楼梯是

摩莫于1932年设计的。

　　两个螺旋形楼梯的中间是一块制作十分精细的铜制隔板，上面画满小天使和各种奇花异草。在螺旋形楼梯正中的地面上，立着一根一人多高的石柱，石柱的上面装有一个大石杯，很多游人都会在螺旋形楼梯上向石杯里投硬币，据说如果谁投中了，就会吉星高照、时来运转。

　　三个人在这里各投了一次，多多很不甘心，因为米娜投中了而自己却没投中。路易斯大叔说道："游戏结束，下面我们就到这个历经了500多年风风雨雨的梵蒂冈博物馆去看看这里面到底都有什么宝贝吧！"

　　路易斯大叔领着多多和米娜走进博物馆，一边参观一边给两个孩子做介绍。

　　在恺撒馆里，三个人看到了安东尼大帝、奥古斯丁大帝及恺撒大

帝那惟妙惟肖的雕像，他们都是有所作为的君王。

从凯撒馆出来，三个人走进了埃及馆里。梵蒂冈博物馆的有名之处就在于它收藏了很多独一无二的艺术珍品，比如一行三人在埃及馆中所见的藏品。埃及馆里有两具保存完整的木乃伊，以及一些既古老又漂亮的石器、器皿和衣服等陪葬品。路易斯大叔问两个孩子："你们知道木乃伊是怎么来的吗？"

两个孩子摇了摇头。路易斯大叔说："古代埃及人相信人死以后，灵魂是不会消亡的，会继续依附在尸体或雕像上。所以，他们把防腐的香料撒在尸体上，并做成木乃伊，这也是对死者的一种深切怀念。"

路易斯大叔说完，将手指向了一座雕像，那是出土于意大利罗马

的图雅皇后雕像，路易斯大叔说："这座雕像也是十分珍贵的，图雅皇后是古埃及第十九王朝的皇帝拉美西斯二世的母亲，因此这座雕像很具历史价值。"

而后，他们来到了埃特鲁斯坎馆。在埃特鲁斯坎馆里，他们看到了这一古老民族在公元前8世纪至公元前4世纪时的文物，比如陶器、铜器和各种各样的陪葬品等。

路易斯大叔一行三人边参观，边发表自己的看法，不知不觉就走进了博物馆内的一个庭院。路易斯大叔告诉孩子们，这是松果庭院，是梵蒂冈博物馆内部的一个露天庭院。在16世纪的时候，梵蒂冈博物馆的中间有一个很大的庭院，后来其中一部分被加盖了屋顶，成了内

部的展室，只有松果庭院被分离出来，并且一直留存至今。

紧接着，他们来到了地图画廊，地图画廊由两边墙壁上画的40张大型的意大利地图而得名，它们是由铎伊·丹蒂用了三年的时间，于1583年创作完成的。这些地图标示出了当时意大利的疆域以及各个地区主要城市的平面图，包括境内陆地和沿海岛屿图，古今地形图解，以及威尼斯、热那亚等城市的地图。由于它们记载和反映了意大利疆域的变迁，至今仍被人们认为是地图史上最浩瀚、最伟大的参考文献。

在中国展厅里，路易斯大叔告诉两个孩子这个展厅建于1926年。他们看到了天坛的模型，看到了孔庙祭坛的复制品，看到了广西桂林与福建泉州的佛像，也看到了其他的一些陶瓷和铜雕等文物。在这个

展厅里，看得最高兴的要数米娜了，她兴奋地叫道："这里给人的感觉好亲切啊！我好像回到了中国一样！"

看了这些宝贝后，两个孩子开心极了，路易斯大叔笑着说："你们不会这么容易就满足了吧？后面还有更好的宝贝在等着我们呢！下面我们就去那个展出《拉奥孔与儿子们》雕塑的地方！"

"好啊！"两个孩子蹦蹦跳跳地跟上了路易斯大叔的脚步。

第7章

庇护-克莱门蒂诺博物馆

一行三人来到了庇护-克莱门蒂诺博物馆,《拉奥孔与儿子们》这座雕塑就陈列在这个馆中。

米娜听到"庇护-克莱门蒂诺博物馆"这个名字,便问路易斯大叔道:"庇护-克莱门蒂诺博物馆是以庇护-克

莱门蒂诺这个人命名的博物馆吗？庇护-克莱门蒂诺又是谁呢？"

路易斯大叔解释说："庇护-克莱门蒂诺其实说的是庇护和克莱门蒂诺两个人。1771年，当时正值克莱门蒂诺十四世在位，克莱门蒂诺决定在观景楼兴建一座用来收藏、陈列各种雕像艺术品的博物馆，这便是这个博物馆最初的由来。后来，庇护六世在位的时候，他在此基础上将这个博物馆进行了扩建，同时也增加了很多非常有价值的收藏品。所以呢，今天我们看到的这座博物馆最终便以他们两个人的名字来共同命名了！"

从外观上看，庇护-克莱门蒂诺博物馆的设计十分雅致，在庇护-克莱门蒂诺博物馆的里面，陈列着许多颇有价值的古代艺术品或仿古艺术品，其中包括雕像、浮雕、半身塑像、镶嵌工艺品和石棺

等不同类型的作品。

三个人信步来到庇护-克莱门蒂诺博物馆的第一展厅，这个展厅是希腊十字厅，十字厅地板上的中央镶嵌画看起来格外突出，十分吸引人的眼球。它色彩鲜明，给人们带来了视觉的享受。路易斯大叔告诉两个孩子，这幅镶嵌画是图斯科洛的作品，画中的人物是密涅瓦，也就是象征着智慧与正义战争的希腊女神雅典娜。

十字厅里主要展示了部分希腊艺术品，其中最有特色的是一具刻有浮雕的石棺，上面雕刻的是一群丘比特在葡萄架上采摘葡萄的景象。

庇护-克莱门蒂诺博物馆的第二展厅是罗通达展厅。由于这个展厅是圆形的，所以也被人们叫作圆形展厅。展厅中央是一个大石盆，十分显眼。路易斯大叔说："这个大石盆是由一整块紫班云石雕成的，直径是4.76米，周长为13米，据记载它是罗马皇帝尼禄的浴盆。"

三个人来到了刮擦者室，这里展示了著名的《刮污垢者》，它是古罗马时期的雕塑家模仿公元前320年的一个希腊青铜像而制作完成的。三个人在这个雕塑前驻足，多多看得最认真了，他很喜欢这个刮污垢者，兴奋地说："那个摔跤运动员在比赛后擦去身上的汗水和尘土的样子，感觉真的好酷哦！"说完他便情不自禁地站在这个刮擦者旁边，像模像样地模仿起这个摔跤运动员用手擦汗的造型来。

米娜被多多的动作逗笑了，路易斯大叔也不无赞赏地说："哈哈！那是经过努力拼搏后的男

人所表现出来的一种独有的豪情和帅气！"

多多认真地说："对！对！我就喜欢这种硬汉的形象！"

在此之后，三个人来到了八角庭院。八角庭院是一个八边形的庭院，它是一个露天的院子，围绕着庭院四周的是一个个拱形门，里面陈列了一些雕塑和石棺。博物馆最好的作品都陈列在八角庭院里，其中包括梵蒂冈博物馆三大镇馆之宝中的两个——《拉奥孔与儿子们》和《阿波罗》。

三个人来到《拉奥孔与儿子们》这座雕像前，路易斯大叔指着雕像说：

"你们瞧,它展示了特洛伊祭司拉奥孔与他的儿子们一起同巨蟒搏斗的情形。"

传说拉奥孔是特洛伊的祭司,他看破了希腊人使用的木马计,于是就劝说特洛伊人不要上了希腊人的当。可是众神一心想致特洛伊于死地,他的举动激怒了海神波塞冬,于是波塞冬便派两条巨蛇缠死拉奥孔和他的两个儿子。

雕塑上的三个人被两条蛇死死缠住,脸上都充满了恐惧和痛苦的表情。其中的一条蛇咬住了拉奥孔小儿子的侧胸,另一条蛇则咬住了拉奥孔的后腰,而拉奥孔的大儿子也被蛇缠住了手和脚。

孩子们站在这座雕塑前面看了好长时间,细细地观看雕塑的每一个部位,感觉仿佛亲临了人蟒交战的现场一样。

梵蒂冈博物馆的第二件镇馆之宝是雕塑《阿波罗》,这座雕塑出土于15世纪初,是模仿

公元前4世纪的一个青铜雕像而作的。

　　路易斯大叔说："阿波罗是希腊神话中十二主神之一的太阳神，他可是一个十分繁忙的神哦！首先他被视为掌管文艺的神，主管光明、青春、音乐、畜牧、医药等；其次，他也是人类的保护神、预言之神、光明之神；另外，他还是迁徙和航海者的保护神、医神以及消灾弥难之神。你们瞧这座雕塑，阿波罗的身材是多么健壮，体态是多么优雅！他面朝持弓的手臂，眼神却跟随着离弦的箭向远方看去，你们仔细地看他的脸，他的脸上仿佛隐约地显露出了一丝必胜的微笑。这件雕塑把他射箭的姿态刻画得是多么生动传神啊！更值得一提的

是，这座雕像被公认为男性人体美学的典范。"

多多又按捺不住了，开始模仿起太阳神阿波罗的动作，惹得米娜咯咯直笑。

路易斯大叔已经走到了前面，他招呼两个人说："你们快过来看！多多，你对这座雕像也会感兴趣的！"

"哪个哪个？"多多一听，赶忙跑过来，米娜也赶紧跟了过来。

三个人面前的这座雕像便是鼎鼎大名的《掷铁饼者》，雕塑展现的是一名强健的男子在向后扭身准备投掷铁饼，这是铁饼运动项目中积聚力量、准备爆发前的一瞬间，因此极具表现力。这座雕像展示了铁饼运动饱含的生命力，并且也展示了人体的力量之美。

多多兴奋地说："我以前在书上看到过这座雕像的图片，书上说

它被公认为是体育运动和健美体魄的象征，原来它被展示在这里，我今天终于看到实物了！"多多一边说一边扭动身子做起了掷铁饼的动作。他的动作模仿得还挺像，只是手上空空的，少了一个铁饼。

路易斯大叔进一步说道："我们看到的这座《掷铁饼者》雕塑是大理石雕的复制品，原作为青铜材质，高约152厘米，出自于希腊雕刻家米隆之手，大约作于公元前450年。这座雕塑的复制品，除了梵蒂冈博物馆中有以外，罗马国立博物馆和特尔梅博物馆也均有收藏。"

"原来是这样啊，下一站我们要去哪？"米娜问。

"接下来让我们去拜访一下文艺复兴时代著名建筑师的工作室吧。"路易斯大叔说。

梵蒂冈博物馆三大镇馆之宝

梵蒂冈博物馆的三大镇馆之宝除了《拉奥孔和他的儿子们》和《阿波罗》以外，第三件是《残躯》，《残躯》收藏于缪斯展览馆里。

《残躯》，也叫《望景楼的英雄躯体》，这座雕塑是公元前1世纪的希腊原作。所表现的人物虽已残缺不全，但仍可以看出是一位具有一身健美肌肉的男子。他也许正在坐着休息，在他身体的左侧似乎有什么东西吸引了他的注意力，所以他扭过了身子向左边看去。他身上的每一块肌肉都配合着这个扭转的动作，充分地展示了人体之美，因此这座雕像被人们称为"完美的残片"。

米开朗琪罗的很多雕塑和绘画中，人物都是肌肉发达、线条明朗的，这很可能就是受到他喜爱的这座雕塑的影响。

第 8 章
令人震撼的拉斐尔画室

拉斐尔是意大利文艺复兴时期著名的画家和建筑师，1483年生于乌尔比诺，1520年在罗马去世。

路易斯大叔无限感伤地

说：“拉斐尔这位建筑大师只活了37岁，真的是英年早逝啊！"

米娜也附和着说：“真的好可惜呀！不然他会留给人们更多的作品！"

路易斯大叔接着说：“嗯，是这样。但尽管如此，拉斐尔那短暂的一生所留下的那些作品都堪称是伟大的杰作。拉斐尔从25岁到37岁去世，在这12年当中一直都在一个地方工作，那就是现在的梵蒂冈博物馆的拉斐尔画室。所以，拉斐尔的杰出作品，多保存在拉斐尔画室之中，而值得一提的是，这里的作品被认为是梵蒂冈博物馆这座大宝

库的精华之一，你们说他厉不厉害？"

两个孩子听了路易斯大叔的话纷纷点头，眼中闪烁着既激动又敬佩的目光。

路易斯大叔又说："拉斐尔画室原来是尤利乌斯二世的私人寓所，当时他请年轻的著名画家拉斐尔来为他设计和绘制所有房间里的壁画。"

画室共有四个房间，分别是君士坦丁大帝之屋、埃里奥多罗之屋、署名之屋和火灾之屋。拉斐尔带领着他的弟子们，专心为这四个房间创作壁画，不幸的是，拉斐尔没能在有生之年亲眼看到四个房间的壁画的最终完成，所有的工作直到他死后四年才得以全部完成。

路易斯大叔首先带着两个孩子来到了君士坦丁大帝之屋。君士坦丁大帝之屋在四个房间之中是最大的，这里的作品是在拉斐尔去世以后由他的弟子朱利亚诺·罗马诺根据其老师生前留下的草稿而绘制完成的。四面墙壁上的巨型壁画分别描述四件与君士坦丁大帝有关的故事，充分展示了君士坦丁大帝卓越的军事领导才能。

然后，他们来到了埃里奥多罗之屋。埃里奥多罗室里展示了《赫里奥多罗斯被赶出庙宇》《利奥一世驱逐阿提拉》《彼得被救出狱》等作品，这个展厅里的壁画刻画的多为战争场面，看得两个孩子惊心动魄。

之后，他们来到了第三个展厅——署名之屋，一行三人都喜欢这

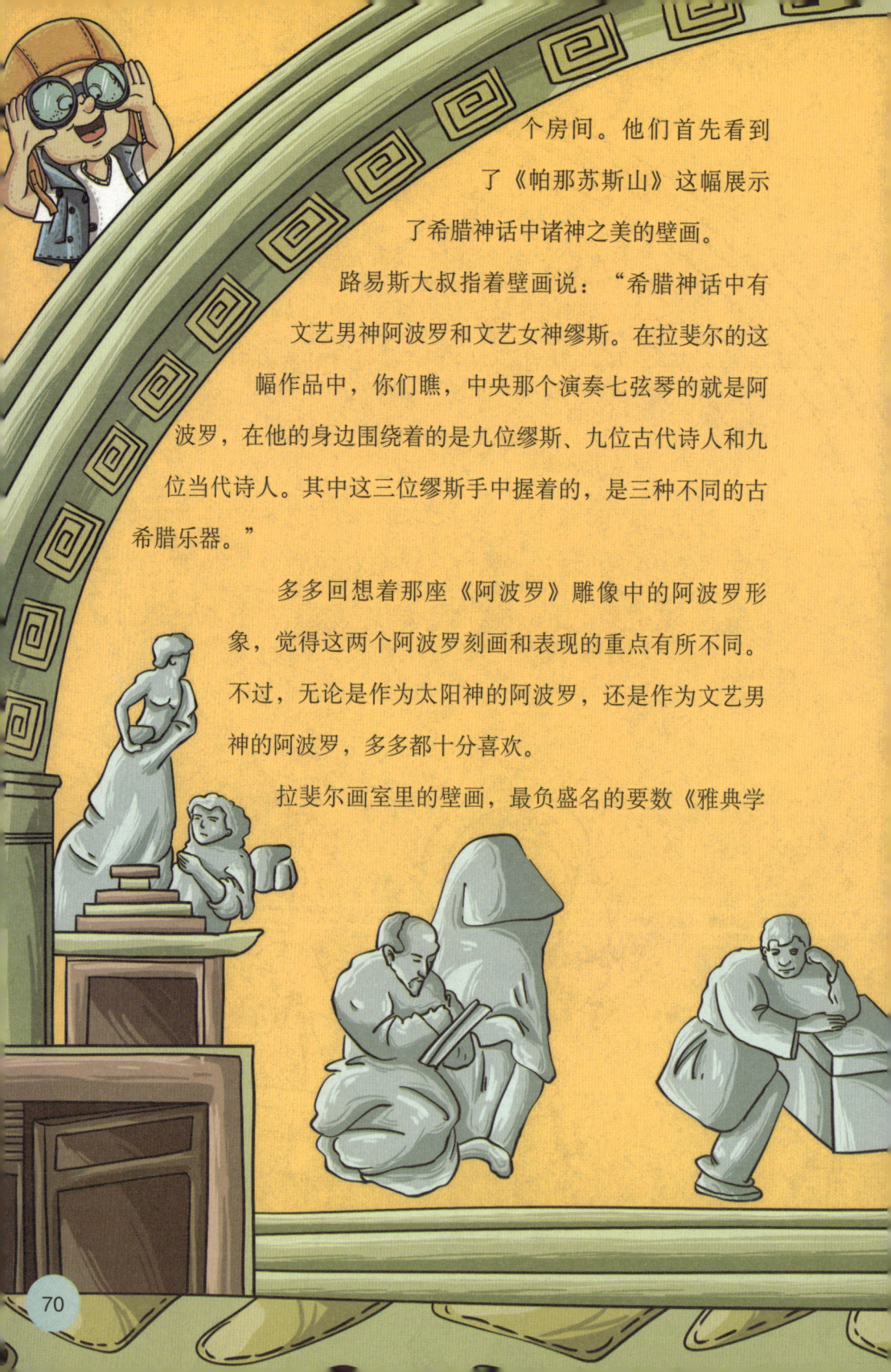

个房间。他们首先看到了《帕那苏斯山》这幅展示了希腊神话中诸神之美的壁画。

路易斯大叔指着壁画说:"希腊神话中有文艺男神阿波罗和文艺女神缪斯。在拉斐尔的这幅作品中,你们瞧,中央那个演奏七弦琴的就是阿波罗,在他的身边围绕着的是九位缪斯、九位古代诗人和九位当代诗人。其中这三位缪斯手中握着的,是三种不同的古希腊乐器。"

多多回想着那座《阿波罗》雕像中的阿波罗形象,觉得这两个阿波罗刻画和表现的重点有所不同。不过,无论是作为太阳神的阿波罗,还是作为文艺男神的阿波罗,多多都十分喜欢。

拉斐尔画室里的壁画,最负盛名的要数《雅典学

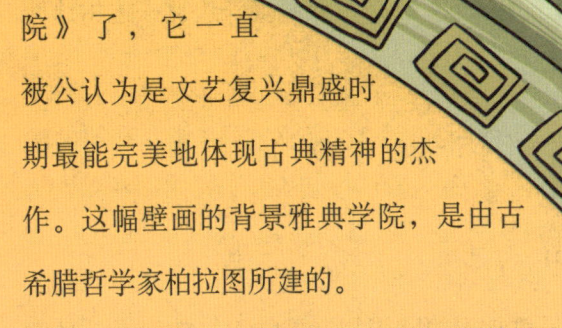

院》了,它一直被公认为是文艺复兴鼎盛时期最能完美地体现古典精神的杰作。这幅壁画的背景雅典学院,是由古希腊哲学家柏拉图所建的。

两个孩子一走到这幅壁画的面前就被它深深地吸引住了:在高大雄伟、气势恢宏的拱门大厅里,聚集着一群形态各异的人。

路易斯大叔说:"拉斐尔的作品中,最为人称道的就是这幅《雅典学院》了!这幅画中画的是地中海沿岸各国的古今著名学者,画中的每一个人都有自己独特的姿势,都在从事自己的学术活动。你们瞧,被一群哲学家和学者围着的这两个人分别是柏拉图和亚里士多德,他们似乎在就某一个问题进行着激烈的争论。台阶前的高个子是米开朗基罗,右下方是伯拉孟特,与柏拉图长得十分相似的那个是达·芬奇。"路易斯大叔一边说一边指给两个孩子看。

画面中的人物在自由、热烈地讨论着，处处洋溢着人类智慧的光芒。

米娜问："壁画中间躺在台阶上的那个人是谁呢？"

路易斯大叔说："那是哲学家第欧根尼。你们瞧，他穿了一身破破烂烂的衣服，这与他的哲学主张是相一致的。他认为除了自然需要之外，其他任何东西都是无足轻重的。"

多多说："从他的穿着来看，他真像一个怪人。"

"那这个人又是谁呢？"米娜指着壁画右下角那个身穿古代黄袍、手持天文仪、并且只展现背影的人问。

路易斯大叔说："他是埃及的天文学家托勒密。"

路易斯接着指出:"你们看,在托勒密对面的那个棕色胡须的老人,他是拉斐尔的同乡,叫作布拉曼特,是一位建筑师。最边上那个头戴白帽的人,是画家索多玛。索多玛旁边的这个,上面只露出半个脑袋、头上戴着深色圆形无沿软帽的青年,就是作者拉斐尔本人了。"

把自己也画进作品中,是当时的画家们非常喜欢用的表现形式。拉斐尔在画中只给自己留一个很小的位置,可见他的谦逊。

然后,路易斯大叔又告诉两个孩子,斜靠在台阶下边的石桌上,左手托腮、右手持笔,在进行深思的那个是古希腊的哲学家赫拉克利特;坐在台阶下左侧的地上那个谢顶的人,是提出了"勾股定理"的著名

数学家毕达哥拉斯；台阶右下侧，弓着身子、手持圆规、在一块黑板上给四个学生讲解的人是古希腊几何学家欧几里得；修辞学家圣诺克利特斯、哲学家苏格拉底等大人物也都出现在画面之中。

看过那些充满智慧的人，他们来到最后一个画室，这个画室是因琴迪奥-德尔博尔室，也叫火灾之屋。

走到《波尔戈火警》这幅壁画面前时，路易斯大叔感慨道："画室中最具有纪念意义的就是这幅《波尔戈火警》了，它是拉斐尔生前的最后一幅壁画作品，画作展现了847年梵蒂冈城发生的一场大火灾。"

两个孩子一起轻轻地发出长长的"哦"声，他们的声音和眼神中都充满了淡淡的忧伤。

另外，孩子们也注意到了画室中的这幅《查理大帝的加冕》，它的风格十分引人注目，与其他的壁画相比，这幅壁画色彩更强烈，画中人物形象的重点也更突出，整体看起来更加壮观。

孩子们参观完整个拉斐尔画室，真心佩服拉斐尔的伟大。特别是米娜，看完了拉斐尔的作品之后，她那小小的心激动了很久。

就这样，路易斯大叔带着孩子们一路参观着，从恺撒馆到埃及馆，从新翼陈列室到缪斯馆，从克里蒙馆到拉斐尔画室……他们看到了无数珍贵无比的作品。几百年来，这些作品随着时间的推移，不断散发着艺术的光辉，看到这些蕴藏着人类巅峰智慧的艺术

品，怎能不让人惊叹？又怎能不让人陶醉？三个人置身其中，久久沉醉，无法自拔。

　　终于，路易斯大叔一行三人参观完了整座博物馆，可以说收获满满。最后，三个人意犹未尽地离开了，去往下一个目的地——梵蒂冈历史博物馆。

美术三杰

美术三杰指的是欧洲文艺复兴时期美术界的杰出人物达·芬奇、米开朗基罗和前面提到的拉斐尔。

达·芬奇（1452年—1519年），其最负盛名的作品是《蒙娜丽莎》，关于这幅作品，还流传着一个有趣的故事。

据说《蒙娜丽莎》的原型是威尼斯公爵夫人，当达·芬奇完成这幅画作之后，因为太喜欢这幅画而舍不得交工，最后就连夜打包逃跑了。蒙娜丽莎的右手被后世称为"美术史上最美的一只手"。

米开朗基罗（1475年—1564年）的代表作品是雕像《大卫》。他在一块被弃置了很久的名贵石材上雕刻大卫的英雄形象，以此来表达自己对于英雄的向往。

第 9 章
历史博物馆里探历史

梵蒂冈历史博物馆是比较新的一个博物馆,建于1973年,占地面积约1500平方米。

历史博物馆里主要收藏了梵蒂冈历史上的马车、军械和服装等物品，历史气息浓厚，仿佛把人们带回到当时的那个年代。

在历史博物馆的第一展厅内，展出了一批四轮马车，路易斯大叔指着其中的三辆说："孩子们，你们来看这三辆黑色的四轮马车，它们看起来多么气派，那是当年供梵蒂冈的重要人物游览时所用的专属马车。"

路易斯大叔边走边介绍，然后又指着两辆马车说道："你们再来看这两辆四轮马车，它们的样式就很普通了，但平凡的外表并不会影响它们的价值，当年它们主要是在长途旅行时使用的。"

"那这辆呢？"多多指着一辆看起来比较特别的马车问。

路易斯大叔回答说："这辆马车还真的很有来历呢！这辆马车从外形上看就显得比较隆重，它是一辆礼车，是专门为利奥十二世而建造的，是利奥十二世的专车。利奥十二世去世以后，这辆马车仍旧被

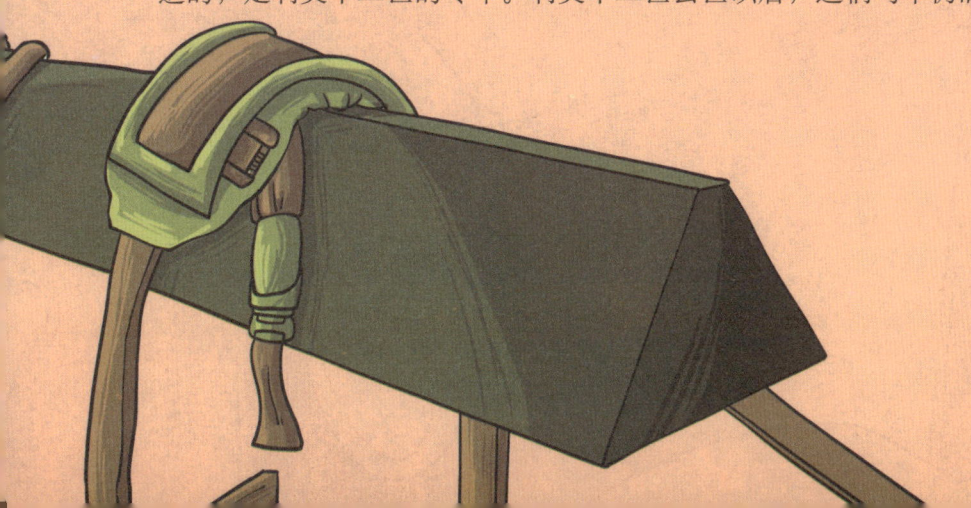

后来的几位继承者所看中，因此也都相继使用过它。"

从这个马车展厅出来，在另一个房间里，一行三人看到了与之前所见的古董级的展品不同的景象。这个展厅的展品更贴近现代社会，原来这个房间展示的是庇护十一世和庇护十二世坐过的三辆小汽车。

从乘坐马车到乘坐汽车，不只是梵蒂冈，世界上所有的国家都经历过这样一段化茧成蝶的蜕变过程。

在第二个展厅中，一行三人首先看到了各种服饰。

路易斯大叔说："还记得我跟你们讲瑞士卫队由来的那段故事吗？你们瞧，玻璃柜中展出的这些衣服，就是瑞士卫队成立以前那些贵族卫队、宪兵、仪仗队、步兵等兵种的服饰。"

在一个拥有各种武器的军火库展馆中，他们看到了威尼斯的长

剑，也看到了文艺复兴时期的大炮，同时还看到了制造精美的枪支。

各种各样的武器仿佛有一种让男孩子难以抗拒的魔力，多多看得如痴如醉，而米娜粗略地看了一下就去看其他的战斗纪念品去了。

历史博物馆中展示了很多战斗纪念品，比如卡斯特尔菲达多战役、门塔纳战役和皮亚港战役的战斗纪念品。另外，还有一些军旗和勋章。

徜徉在梵蒂冈历史博物馆中，一幅幅展品诠释了梵蒂冈的过去——过去的辉煌历史、过去的生活状态，甚至是过去的惨痛失败。这些展品就是历史的记忆，路易斯大叔一行三人沉浸其中，仿佛

已经回到了那个年代。

参观完历史博物馆,在去其他展馆的路上,多多绕开了几个游人,紧跟在路易斯大叔和米娜的身边,感叹着说:"今天来这里参观的人可真多呀!"

路易斯大叔回答说:"是啊!我们今天来得这么早,馆内都已经有这么多人了,可见这个博物馆有多么受欢迎。每个月最后的那个周日,这座博物馆都是免费对外开放的,当天早早地就会有人来排队,等着免费进馆。那时的场面,才叫人山人海呢。"

多多笑嘻嘻地说:"路易斯大叔,到那时我们再来参观一次好不好?"

路易斯大叔不解地问道:"为什么呢?是因为不收门票钱吗?"

多多说:"不是,我只是想看看那时候的队伍到底会有多长!"

路易斯大叔哈哈大笑,说:"我们再过几天就要走了,我可不会跟你一起留到月末,呵呵。"

米娜也说:"我也不!要留你就自己留吧!"

多多听完,只能无奈地耸了耸肩膀,继续跟着路易斯大叔和米娜向前走去。这一站,他们来到了拉斐尔画室。

第10章
特别的邮票

晴天时的梵蒂冈城显得富丽堂皇，雨中的梵蒂冈城也别有一番风味。几座雄伟的建筑物在蒙蒙烟雨之中，仍不失往日的威严和庄重，反倒因为没有了阳光的照射，而显得更加清新与肃穆。

此时的雨势很小，雨滴以一种柔和安静的姿态洒向大地，正如路易斯大叔悠闲的脚步。而多多和米娜却是两只活泼的兔子，他们撑着各自的小伞在人行道上蹦蹦跳跳，一会儿瞧瞧这里，一会儿又看看那里，开心得不得了。

米娜把一只小手伸出伞外接雨滴玩儿,她对多多说:"在北京,这个时间都已经下雪了,而梵蒂冈还下着雨,真是好奇怪呀!"

多多说:"是啊!纽约的冬天也是下雪的,这里居然下雨。"

"北京、纽约与梵蒂冈在气候上有如此大的差异,是因为它们的地理位置和气候特征不同,"路易斯大叔解释道,"梵蒂冈城属于亚热带地中海气候,这种气候的典型特征就是夏季炎热干燥、高温少雨,而冬季却温和湿润。现在正值冬季,所以梵蒂冈城正好就下起雨来喽!"

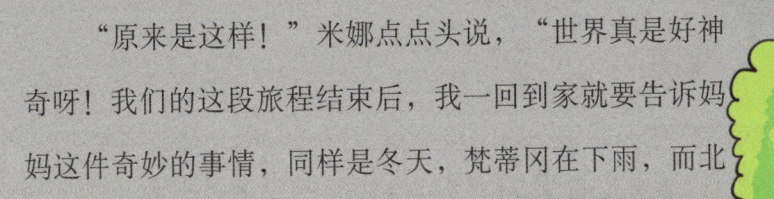

"原来是这样!"米娜点点头说,"世界真是好神奇呀!我们的这段旅程结束后,我一回到家就要告诉妈妈这件奇妙的事情,同样是冬天,梵蒂冈在下雨,而北

京只能下雪。"

路易斯大叔笑着说:"为什么你不现在就告诉她呢?"

米娜恍然大悟道:"对啊,我现在就可以给妈妈打个电话!"

路易斯大叔说:"不,我们不打电话。"

米娜听后,有些迷惑不解,问道:"打电话是最方便、最快捷的联络方式,如果不打电话,我该怎么告诉她呢?"

路易斯大叔挥挥手,对两个孩子说:"走,大叔带你们去一个地方。"

多多和米娜好奇地跟在路易斯大叔身后,一路追问路易斯大叔到底要带他们去哪里，可路易斯大叔却只是神秘地笑了笑，始终不肯提前透露目的地在哪儿。

梵蒂冈的国土面积虽小，但各种机构和基础设施却都十分完备。梵蒂冈的邮政系统独立而完善，其中，邮票还是梵蒂冈主要的经济来源之一。邮政系统在梵蒂冈的经济发展中占有相当重要的地位和作用。

梵蒂冈的邮局位于梵蒂冈城的正东部，此时，绵绵的细雨仍然自由自在地飘洒着，路易斯大叔领着多多和米娜来到了邮局的门前，对两个孩子说："瞧！我们到了！"

米娜问道："路易斯大叔是想让我们寄明信片给爸爸妈妈吗？

可是寄明信片的话，要好几天才会寄到；而打电话的话，他们马上就可以知道这边的天气了呀？"

多多却笑嘻嘻地说："那你就去打电话好了！哈哈！你不愿意寄明信片，我可等不及要寄了呢！寄明信片就能得到那难得的梵蒂冈邮戳了，这么特别的邮戳，我一定要让爸爸妈妈看一看！而且，我还要带几枚邮票回去呢！"

梵蒂冈的邮票与其说是供人们使用的邮票，倒不如说是集邮爱好者猎奇的对象。从1926年开始，梵蒂冈经常发行具有纪念意义的、设计精美的邮票，这些邮票使梵蒂冈每年能够获得数以百万计的收入。

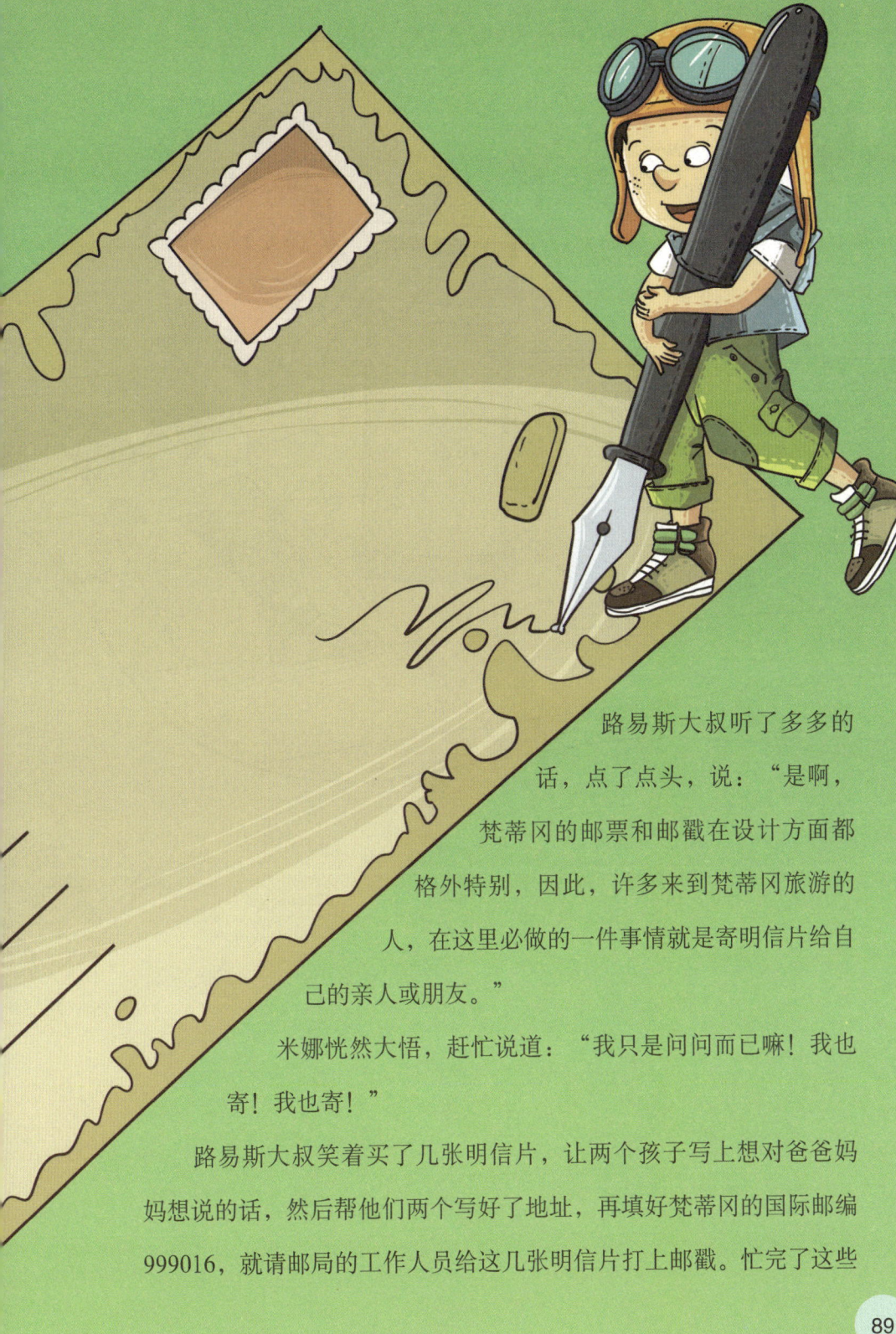

路易斯大叔听了多多的话，点了点头，说："是啊，梵蒂冈的邮票和邮戳在设计方面都格外特别，因此，许多来到梵蒂冈旅游的人，在这里必做的一件事情就是寄明信片给自己的亲人或朋友。"

米娜恍然大悟，赶忙说道："我只是问问而已嘛！我也寄！我也寄！"

路易斯大叔笑着买了几张明信片，让两个孩子写上想对爸爸妈妈想说的话，然后帮他们两个写好了地址，再填好梵蒂冈的国际邮编999016，就请邮局的工作人员给这几张明信片打上邮戳。忙完了这些

之后，路易斯大叔把两张明信片分别递到两个孩子的手中，说："你们好好欣赏一下梵蒂冈的邮戳吧！"

多多和米娜乐呵呵地拿着明信片看了又看，然后高高兴兴地把它们投到了邮筒里，向爸爸妈妈寄出了他们的心情，也寄出了他们的祝愿。

路易斯大叔拿起三把雨伞，一边将两把小伞分别交给两个孩子，一边说："我们走吧！该回去了！"

多多和米娜连忙摇着头说："不行！不行！我们还没买邮票呢！"

路易斯大叔看着两个小猴子，无奈地笑了笑，又将雨伞轻轻地放在了门边……

拉丁语

拉丁语是梵蒂冈的官方语言之一，梵蒂冈也是目前世界上唯一一个仍在使用拉丁语的国家。

拉丁语最初是意大利台伯河岸一个小村庄的方言，经过时间的推移和岁月的变迁，逐渐传播到了世界很多地区。而后从拉丁语中派生出了很多种近代语言，比如葡萄牙语、西班牙语、意大利语、法语、罗马尼亚语等等。

比较有意思的是，当你在梵蒂冈使用提款机的时候，你会发现提款机上面居然写有拉丁文，这在世界上的其他地方是绝对见不到的。

第11章
徜徉书世界

梵蒂冈图书馆是西方国家最著名的图书馆之一，也是一座世界知名的人文科学学术图书馆。梵蒂冈图书馆不仅藏书

丰富，而且其中的很多图书都十分珍贵。因此，这里吸引了来自世界各地的前来查阅资料的专家和学者。

路易斯大叔来到了梵蒂冈，自然也不愿错过进入梵蒂冈图书馆的机会。可是这一次，他遇上了一个小小的麻烦。

路易斯大叔对多多和米娜说："亲爱的孩子们，我一会儿要去梵蒂冈图书馆看一看，这一次不能带你们去了。"

多多连忙问："为什么呀？我们也想去看看！"

路易斯大叔说："这一次真的不能带你们去，因为梵蒂冈图书馆有严格的规定，只向有大学或研究机构证明的学者开放。"

米娜不解地问："为什么要有这样的限制呢？这算不算是一种歧视呢？"

路易斯大叔笑着说:"这不能算是歧视,有这样的限制是因为该馆所藏的图书珍贵无比,而且都是十分有价值的资料。因此,它不向公众开放,只向专业人士敞开大门。别说你们小学生了,在校大学生也不被接待,就连博士生也必须有教授担保,证明其确有特殊需要才能进馆。而我虽能进馆,进馆的程序也是十分繁琐的。"

"有多繁琐?"多多问。

路易斯大叔说:"这里虽然是图书馆,门口也有士兵把守,游客和路人绝对不能随意进去参观。如果你一定想进去看看,除了自己的护照之外,还需要拿到当地学校或者是科研院所为你开具的证明。这还不够,在入口处,你还要填写表格,申请当天的出入证,然后再去秘书处办理阅览证,之后才能进入图书馆。当然,像我们这样的游客,只能申请到短期阅览证。它的有效期和签证的到期时间是一致的。"

米娜心想连路易斯大叔想要进馆都这么麻烦,自己虽对不能去图书馆看看感到一丝失望,但那也是没有办法的事情。算了,自己进不去就进不去吧。但她脑瓜一转,又突发奇想,她对路易斯大叔说:"那么,您借出来几本好看的书给我们,让我们感受一下,等我们看完了您再去归还,好不好啊?"

路易斯大叔耸耸肩、摇摇头,表示很抱歉的样子。他说:"这个也是不行的,梵蒂冈图书馆内的图书和资料只能在本馆

内查阅,图书馆是不提供外借服务的。"

"那您将图书馆里的场景用相机照下来,给我们欣赏一下,行不行啊?"米娜仍不死心,继续问道。

路易斯大叔又摇摇头说:"这个恐怕也不行,只要进了梵蒂冈图书馆了,相机和手机均在禁用之列。"

米娜感觉十分失望,努了一下嘴,然后说:"梵蒂冈图书馆一点都不好!"

路易斯大叔说:"与其他图书馆相比,无论是对来访人员的限制,还是进入图书馆以后对外来人员借阅图书时的要求,其严格程度几乎是绝无仅有的,你们想一想,梵蒂冈图书馆为什么要有这样严格的限制呢?"

米娜说:"您之前说过是因为馆内的图书十分珍贵。"

"对啊!"路易斯大叔说,"要知道梵蒂冈图书馆大约有200册藏书,这其中还包括很多印在羊皮纸上的图书,在这里,人们可以找到2世纪以前的拉丁文、希腊文、希伯来文的文献资料,以及叙利亚文手稿,如此珍贵的资料,当然要妥善保存。为了它们能够流传得更加久远,图书馆不得不制定一些严苛的条例,来限制进入图书馆的人数。不过这样的做法,也给来到这里的人们,提供了安静的阅读环境。"

米娜点点头,说:"路易斯大叔,我懂了,梵蒂冈图书馆现在做的是一件传承文化精髓的事情。"

路易斯大叔微笑着点了点头。

多多说："我也明白了，现在有很多人都不讲文明礼貌，比如参观名胜古迹或历史文物的时候，随意在上面乱写乱画，会破坏那些宝贵的文化遗产的。"

路易斯大叔说："你说得对，这样的人最爱干的事情就是在某个地方刻上'到此一游'的字样，这样做仅仅满足了自己一时的小小愿望，

可是却给这些名胜古迹或历史文物造成了永远无法弥补的伤害。"

米娜说:"我要做一个文明的好孩子。"

多多也说:"我也是!我也是!"

路易斯大叔再一次微笑着点头,然后回到了刚才的话题,安慰他们说:"大叔回来后,一定会把看到的跟你们详细地描述一遍,让你们好像身临其境一样,你们说好不好?"

多多和米娜虽然还是不情愿,但也只得点点头。

梵蒂冈图书馆的大楼是一座"丁"字形的建筑,曾在1984年的

时候进行过翻修。它的外表十分朴素，乍看与普通的单元楼没有什么大的区别，正门面向西方，门洞很窄，但两扇木门却书卷气十足。

路易斯大叔一个人来到图书馆，进门以后，走到登记处，用图书证换取了一把钥匙，存放背包后，便径直走向阅览室。钥匙上带有号码，它既可用于存取物品，也是借阅的凭证。

路易斯大叔进入图书馆后，首先在各处转了转，然后才去找自己想要看的资料。

梵蒂冈图书馆一次只可借两本书，而且是读完一本，才能换取另一本。路易斯大叔先将钥匙交给了管理员，然后在登记簿上签到，又填写了借阅单，在上面写明书籍编号、所在书库、借者姓名和钥匙号码等。

路易斯大叔想要翻看他所登记的这份手稿，要先当着管理员的面打开封套，检查一下该手稿现今保存的状态，以便减少不必要的麻烦。因为如果当你发现纸张有所破损或缺页而没能及时向管理员报告的话，那么你就有可能被推定为责任人，要知道，如果真的要为一份如此珍贵的手稿"负责"的话，付出的代价是很大的。

在阅读的时候，路易斯大叔小心翼翼地将手稿摆放在专用的木架上，他的手指不能停留在稿面上。他拿出铅笔和笔记本认真地做着笔记，为什么是铅笔呢？因为钢笔、圆珠笔等很容易给手稿造成污损，因此是被禁用的。除此之外，在翻页时还不可以将笔持在手中，而必须将其放下。

图书馆里很安静，安静得只能听到人们的呼吸声以及轻轻的翻页声，所有人都在认认真真地翻看自己需要的珍贵资料。路易斯大叔也完全沉浸在知识的海洋里，忘记了周围的一切。

到了闭馆的时间，路易斯大叔仍然意犹未尽，但最终只能恋恋不舍地离开。出了图书馆的大门，路易斯大叔便长长地呼了一口气，释放一下刚刚那幽静的图书馆给他的压力。随即，他的脸上便浮现出一丝满足的笑容。

路易斯大叔回到宾馆，刚一进入房间，多多和米娜就马上抛下了正在看的动画片，围到他身边问东问西。

路易斯大叔说："梵蒂冈图书馆不愧为西方世界最著名的图书馆之一，当我走到它的面前时，立刻就被它非凡的魅力所征服了。它的门洞很窄，门很小，有两扇木门，每扇木门上都镌刻着三组罗马神话人物的浮雕，并配有拉丁铭文。整个门面透露出了浓厚的书香气息，足以显示它深厚的底蕴和内敛的气质。"

"我喜欢这种低调的风格，哈哈，就像一个外表质朴却极具涵养的绅士。"多多热情洋溢地赞叹说。

路易斯大叔笑着说："多多的比喻很有意

思，也很生动贴切，我喜欢你的表达。"

多多又继续问："图书馆的内部设置是怎样的呢？"

路易斯大叔说："这座图书馆一共有三层，左右两边都有展厅，右边展厅的正中，还有一个巨型的黑白相间的玉盆放在三脚架上。墙壁上悬挂着的，据说是南怀仁在1674年回执的《坤舆全图》。在左边的展厅里，保存着汤若望在1634年创作的平面天体图。虽然年代久远，画面的颜色已经不再鲜艳，但我们依然能看清上面的字迹。"

路易斯大叔顿了顿，好像仍在回忆那两幅画似的，然后他又接着说："梵蒂冈图书馆分为5个部门，包括手稿与档案收藏部、印本书与绘画部、编目与使用部、古币与艺术品部和修复与复制部。

图书馆内珍贵的图书和资料主要保存在第三层。我来到第三层，推门入室，眼前顿时豁然开朗，室内左右两侧都出现了硕大的空间。我一一参观了目录室、手稿室、书刊室等，也在羊皮纸书专架、古文字专架等地方驻足。别看图书馆内资料浩繁，但它们分类十分清晰，摆放得秩序井然，因此寻找起来既方便又快捷。"

多多接着问："路易斯大叔，您是不是看到了很多图书馆里藏的好书呀？"

路易斯大叔说："是的。梵蒂冈图书馆内不仅珍藏了10万卷的原稿书籍和6万卷的古代手抄本，还有10万多张地图和印画以及大量的书信和法典等，这些资料都万分珍贵。当我在各种图书和资料之间穿梭的时候,我深深地感觉到一种凝重、庄严的气势。更令人惊奇的是,馆内还保存了1612—1659年制成的中国地图手抄本,可见它的收藏能力有多么的强大,它的价值也是非一般的图书馆所能企及的。"

米娜惊讶地说道:"居然还藏有中国的东西啊!"

"是啊!不仅仅是有,而且还很多呢!"路易斯大叔接着说,"梵蒂冈图书馆还收藏了很多中国明清时期的珍贵古籍哦!"

"真的吗?"米娜惊奇地问。

路易斯大叔说:"还记得我刚刚说过的南怀仁和汤若望吗?"

多多和米娜点点头。

路易斯大叔继续说:"南怀仁和汤若望都是意大利人,在他们生活的那个年代,他们漂洋过海,不远万里来到中国,那时的中国正处于中国历史上的满清王朝的统治之下。梵蒂冈图书馆所收藏的中国明清时期的古籍,有相当大一部分都是当时像南怀仁和汤若望那样的人从中国寄回来的，其中包括把中国介绍给西方的外文著作和译介西方科学文化的中文著作。目前梵蒂冈图书馆所藏的中文著作、图谱和手稿总量，至少在1万种以上，这个数量也是十分可观的。"

多多问道："图书馆里还有什么其他的好东西呢？"

路易斯大叔接着说："这里有很多十分有价值的图书和资料，比如说馆内收藏了亚里士多德、但丁和维吉尔著作的早期印本，保存了2世纪以前的大量手稿，还有意大利诗人彼特拉克的自传作品，米开朗基罗的作品草图和信件以及英

国国王亨利八世写给安妮·博林的信件等,这些都是无价之宝,在世界上都是独一无二的。"

多多说:"梵蒂冈图书馆真的很了不起!"

"是啊!"路易斯大叔笑着说,"怎么样?听叔叔说了这么多,你们是不是也觉得梵蒂冈图书馆很特别呢?"

多多坚定地说:"等我长大了,我一定要重回梵蒂冈,一定要去梵蒂冈图书馆看一看!"

米娜也不甘落后:"我也是!"

路易斯大叔欣慰地点点头,笑着说:"我相信你们以后一定有机

会去的，到时候再把你们的见闻跟我说一说好不好？"

多多和米娜也笑了，笑得很甜。

路易斯大叔知道，只要孩子们有坚定的信念，那么梵蒂冈图书馆就会一直微笑着向他们招手。他接着说："图书馆你们暂时去不了，我带你们去参观另一个馆好不好？"

"什么馆？什么馆？"多多马上问。

路易斯大叔笑着说："这个馆就是梵蒂冈美术馆。"

梵蒂冈图书馆的起源

梵蒂冈图书馆是西方颇负盛名的图书馆之一,早期主要行使国家档案管理的职能。但十分遗憾的是,在13世纪时,这里的收藏都散失了。

直到1451年,梵蒂冈图书馆才初步诞生,尼古拉五世被公认为梵蒂冈图书馆的奠基人。1475年的时候,西克斯图斯五世正式建馆,赋予了图书馆以生命,建立了馆藏并任命巴托罗缪·普拉蒂纳为梵蒂冈图书馆的首位馆长。建立之初,梵蒂冈图书馆共藏有图书1160卷。我们今天所见的梵蒂冈图书馆就是在这样的基础上发展起来的。

第12章
气势恢宏的梵蒂冈美术馆

梵蒂冈美术馆位于梵蒂冈博物馆的西侧,路易斯大叔带着多多和米娜去参观美术馆。当走到美术馆门前的时候,两个孩子不禁被一种金碧辉煌又庄重威严的气势所震慑住了。

路易斯大叔说:"这个建筑看起来不错吧?你们知道吗,梵蒂冈美术馆的前身是梵蒂冈宫殿,也就是古代的宫廷,所以它看起来才如此气势恢宏哦!"

一行三人兴致勃勃地走进美术馆，多多边走边问："这座宫殿是什么时候建造的呢？"

路易斯大叔说："梵蒂冈宫殿始建于1377年，至今已经有600多年的历史了。"

米娜问道："那这座宫殿是怎样发展成为美术馆的呢？"

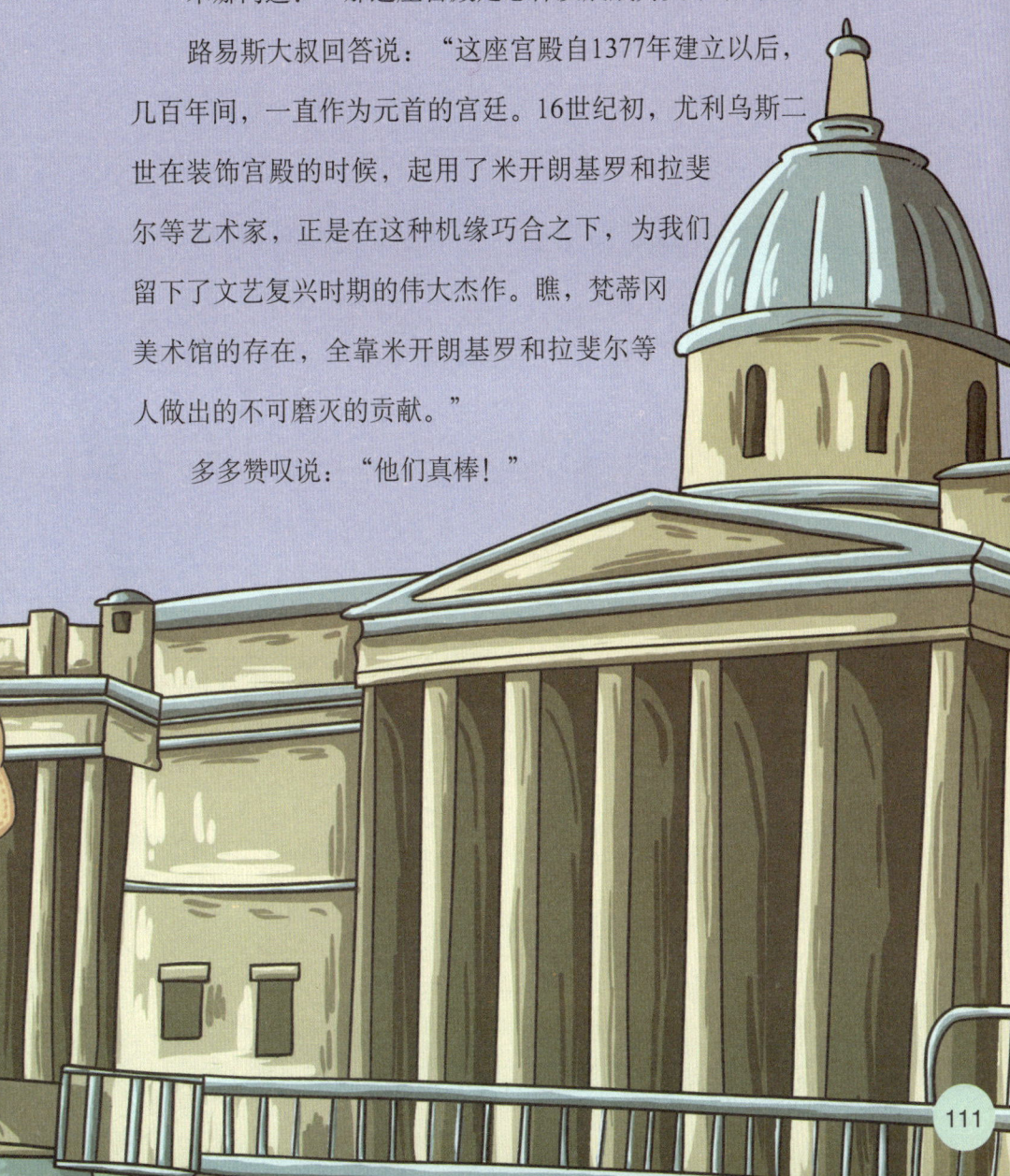

路易斯大叔回答说："这座宫殿自1377年建立以后，几百年间，一直作为元首的宫廷。16世纪初，尤利乌斯二世在装饰宫殿的时候，起用了米开朗基罗和拉斐尔等艺术家，正是在这种机缘巧合之下，为我们留下了文艺复兴时期的伟大杰作。瞧，梵蒂冈美术馆的存在，全靠米开朗基罗和拉斐尔等人做出的不可磨灭的贡献。"

多多赞叹说："他们真棒！"

路易斯大叔继续说："是啊，不过不只是他们，还有很多人为这座美术馆贡献过自己的力量。18世纪的时候，克莱门斯十四世和比奥六世又把收藏的古代雕刻放到了这里，为今天我们看到的比奥·克莱门蒂诺美术馆打下了基础。"

"这么说来，梵蒂冈美术馆已经有200多年的历史了！"米娜计算着。

"可不是嘛，不过，美术馆在成立之初，还有过闭馆的遭遇呢！"路易斯大叔说。

米娜问："怎么会这样呢？"

"这就要说到当时的战争问题了，"路易斯大叔说，"18世纪的世界也是战火不断的。在1790年的时候，法国人侵梵蒂冈，抢走了大量作品，只剩下少数文物资料被保留下来。后来，梵蒂冈作为战败国，其文化资产都由法国人来接管。10年以后，也就是在1800年的时候，梵蒂冈美术馆的绘画展览区内只剩下空荡荡的画框，绘画作品和雕像全被搬光了。因此，梵蒂冈美术馆被迫闭馆了。"

"战争真的是太可怕了！真庆幸我们生活在和平的年代。"多多又继续问，"后来怎么样了呢？"

路易斯大叔接着说："后来啊，在1814年到1815年所召开的维也纳会议上，在英国和奥地利的支持下，最终规定法国必须向梵蒂冈归还所有作品。因此，梵蒂冈美术馆才得以恢复。"

米娜高兴地说:"真是太好了!"

"是的,"路易斯大叔接着说,"而且你们知道么,在19世纪的时候,这里还存放着比奥七世收集到的古罗马遗物。只要依照顺序参观这些作品,我们就可以很清晰地了解意大利的绘画发展史了。"

梵蒂冈美术馆分为两层,第一层主要有绘画馆、比奥·克莱门蒂诺美术馆、埃及博物馆、图书馆和奇阿拉蒙提博物馆等,第二层主要有伊达拉里亚美术馆、拉斐尔展览室和拉斐尔的走廊等。美术馆中所有的艺术品都被放置在这20多个展厅之中。

一层和二层之间的阶梯呈现出一种非常优美的漩涡形状,楼梯栏杆的装饰品看起来十分奢华,是贵族的象征。

路易斯大叔领着两个孩子一路参观,在许多展厅里都留下了三个

人的足迹。

梵蒂冈美术馆中有一个精华部分，那就是梵蒂冈画廊。画廊是梵蒂冈美术馆中较新设置的部门，画廊集中收藏了许多具有很高艺术价值的作品，比如乔凡尼、卡拉瓦乔、拉斐尔和达·芬奇等人的作品，堪称画作之宝库。另外，这个画廊给前来参观的人，特别是绘画爱好者和历史学者提供了一个便利，也就是说，沿着这些巨匠的作品一路参观，意大利的绘画发展史便清晰可见了。

在美术馆里，他们同样也看到了拉斐尔的作品，比如《圣乔治与龙》。圣乔治是英国的守护神，画面中描绘了圣乔治坐在飞奔的骏马上挥刀砍杀毒龙解救少女的英雄形象。那幅《巴尔达萨雷伯爵像》中的

主人公巴尔达萨雷伯爵，是拉斐尔的挚友，该画充分展现了巴尔达萨雷伯爵的深沉、善良和智慧。

　　他们看到了弗拉安杰利科的《巴里的圣尼古拉传记》，看到了乔托的三折画《斯特凡内》，看到了达·芬奇的《圣杰罗姆》和《安加利之战》，看到了米开朗基罗的杰作《最后的审判》……两个孩子在画廊里贪婪地欣赏着一幅幅优美的作品，他们一会儿让路易斯大叔介绍这幅，一会儿又让路易斯大叔介绍那幅，高兴得不得了。三个人兴致盎然地一路参观着，并且默默地记下了自己喜欢的作品……

第13章

再见了,梵蒂冈

路易斯大叔一行三人离开了梵蒂冈,径直前往罗马的费米奇诺国际机场。

在飞机上,米娜还是坐在窗口,她打开心爱的笔记本,里面露出了一片白百合的花瓣,那是她在宾馆收拾行李的时候,从路易斯大叔第一天到梵蒂冈时买的百合中摘下来的。路易斯大叔买了一大束百合花,为了纪念他们的到来,而此时,米娜带走了一片花瓣,同样是为了纪念,纪念他们的离去,纪念他们难忘的梵蒂冈之旅。

路易斯大叔问两个孩子:"这一次的梵蒂冈之行,你们感觉怎么样?"

多多首先说:"我觉得梵蒂冈真的是一个好玩、好看的地方。"

路易斯大叔说:"是的,很多人都有这样的感觉,梵蒂冈每年都吸引了数以万计的人来参观、旅游。"

米娜紧接着说:"梵蒂冈确实是一个藏宝库,路易斯大

叔您带着我们看到了好多好多的宝贝，它真的收藏了很多具有历史、科学与文化价值的艺术品和书籍。而且，梵蒂冈城本身就是一件伟大的文化瑰宝，城内的建筑包含了很多大师的优秀作品。所以，在我看来，梵蒂冈虽然小，却浓缩了无数的艺术精华，感觉真像是一个奇迹。"

路易斯大叔说："是啊！我们真不能小瞧了它，早在1984年的时候，联合国教科文组织就将梵蒂冈城列入了世界文化与自然遗产保护名录。"

米娜问："那这个名录是什么时候开始建立的呢？"

路易斯大叔说："1972年11月16日，联合国教科文组织大会第17

届会议在巴黎举行，会议通过了《保护世界文化和自然遗产公约》，同时建立了《世界遗产名录》。"

"这个名录有什么样的意义？"多多问。

路易斯大叔说："名列世界文化与自然遗产保护名录，就意味着其得到了世界的肯定，证明它具有鲜明的特色、深远的影响和独特的价值。"

多多和米娜认真地点点头。路易斯大叔接着说："除了得到世界的肯定，在被列入《世界遗产名录》之后，还会获得一些更加实际的利益呢！被列入《世界遗产名录》就将会成为世界的名胜，这样的话它不仅可以受到世界遗产基金提供的援助，而且可以借此更好地发展当地旅游业。这样一来，这些地方不但能够得到重视和保护，而且还

会得到进一步的开发和利用,通过发展旅游业来进一步促进当地经济的发展。"

多多说:"梵蒂冈值得拥有这样的肯定和荣誉,如果它不在名录之内,那才叫奇怪了呢!"

米娜也说:"嗯,这用中国的一句成语来形容就叫作实至名归!"

路易斯大叔微笑着点头,机舱内回荡起三个人愉快的笑声。就这样,一行三人结束了在梵蒂冈短暂而美妙的旅程……

梵蒂冈的国旗、国徽

梵蒂冈城国作为一个独立的主权国家，同世界上其他的主权国家一样，拥有自己的国旗和国徽。

梵蒂冈城国的国旗由两个长方形组成，旗面上有黄、白两种颜色，把国旗分为左右两个部分，其中左面的黄色是靠近旗杆的部分，代表着和平，右面的白色代表着仁爱，白色部分的中间是两把交叉的钥匙，意思是"天国的钥匙"，象征着权力。梵蒂冈城国的国徽是红色的，中间同样有这样两把钥匙。从梵蒂冈城国的国旗和国徽我们可以看出，梵蒂冈对钥匙倾注了大量的情感，把它作为权力的象征。

俯视1667年贝尔尼尼设计的圣彼得广场，它呈现出怎样的形状呢？对了，正是钥匙。